Dominique I

La nou
orthographe
expliquée à tous

Les règles de base
Les mots principaux • Trucs et astuces

Albin Michel

INFORMATIONS

– Ce livre applique les rectifications orthographiques de 1990.
– La flèche (➜) signale un passage de l'orthographe « traditionnelle » ou « ancienne » à la « nouvelle ».
  Ex. : *paraître* ➜ *paraitre*.

Correction-révision : Chantal Contant

© Éditions Albin Michel, 2016
22, rue Huyghens, 75014 Paris

Tous droits réservés pour tous pays.
Il est interdit, sauf accord préalable et écrit de l'éditeur, de reproduire (notamment par photocopie) partiellement ou totalement le présent ouvrage, de le stocker dans une banque de données ou de le communiquer au public, sous quelque forme et de quelque manière que ce soit.

Sommaire

Avant-propos   7

Première partie
La nouvelle orthographe, parlons-en !   9

Deuxième partie
Les listes et les règles des mots
de la nouvelle orthographe   27

Le trait d'union   29

Le singulier et le pluriel   43

L'accentuation   51

Harmonisation des lettres simples
et doubles   79

Simplification de quelques graphies
anciennes, non conformes à la
prononciation ou d'origine étrangère   91

Les mots les plus courants de « l'orthographe
moderne »   111

L'orthographe française en mouvement   113

Index alphabétique   115

Remerciements   123

Bibliographie   125

Sitographie   127

Notre orthographe est donc difficile,
elle est savante, trop savante.

Que ne s'est-elle libérée, comme l'a su faire,
celle des Italiens, des Espagnols ou des Portugais,
de certaines servitudes étymologiques,
qui l'empêchent si fâcheusement de se mieux
conformer à la prononciation. […]

Une réforme progressive et raisonnable
se fera peut-être.

Maurice Grevisse, 1948

Avant-propos

« *L'enseignement de l'orthographe a pour référence les rectifications orthographiques publiées par le* Journal officiel de la République française *le 6 décembre 1990* », note le *Bulletin officiel de l'Éducation nationale* du 26 novembre 2015.

Dans l'actualité récente, fin de l'année 2015 et encore au mois de février 2016, depuis que le Ministère français de l'Éducation l'a officiellement inscrite au menu de ses programmes, dans la presse écrite, à la radio et à la télévision, vous avez certainement entendu parler de la « nouvelle orthographe ». Qu'on la nomme « réforme de l'orthographe », « rectifications orthographiques de 1990 », « orthographe révisée », « orthographe réformée », « orthographe recommandée » ou encore « orthographe moderne », dans tous les cas, il s'agit d'une seule et même réalité.

De quoi s'agit-il ? En quoi pourra-t-elle vous être utile, à vous et à vos enfants ? Quels changements apporte-t-elle concrètement dans la vie de tous les jours, à l'école et au bureau ? C'est à toutes ces questions et à bien d'autres que ce livre, clair et pratique, entend répondre.

L'ouvrage est constitué de deux parties.

La première, relativement courte, aborde les grandes questions que vous pouvez vous poser à propos de la « nouvelle orthographe » : de quoi s'agit-il ?

La seconde partie vous donne un accès direct aux règles et aux listes de mots concernés par la nouvelle orthographe. Celles-ci sont présentées sous forme de tableaux comparatifs à double entrée qui vous permettront de visualiser clairement et simplement les nouvelles formes et de comprendre les raisons des changements aujourd'hui enseignés à vos enfants. Vous pourrez aisément les consulter soit à partir du sommaire, soit à partir de l'index alphabétique présenté à la fin de l'ouvrage.

première partie

La nouvelle orthographe, **parlons-en !**

La « nouvelle orthographe »,
qu'est-ce que c'est ?

La « nouvelle orthographe » apparait comme une étiquette que des spécialistes du français, des enseignants et des journalistes ont collé sur un certain nombre de formes graphiques (c'est-à-dire des formes de mots) qui, au mois de décembre 1990, ont été recommandées par les autorités compétentes en matière de langue française. Il s'agit en l'occurrence du gouvernement français, de l'Académie française, du Conseil supérieur de la langue française et de plusieurs autres institutions officielles dans les différents pays francophones.

Aujourd'hui, la nouvelle orthographe devient l'orthographe de **référence**, celle à enseigner prioritairement. Elle est largement répandue dans les principaux dictionnaires courants : *Larousse*, *Littré*, *Hachette*, *Robert*, etc. Elle est également appliquée dans la plupart des manuels scolaires publiés par les principaux éditeurs francophones : Hatier, Magnard, Belin, De Boeck, Erasme, Averbode, pour n'en citer que quelques-uns.

La nouvelle orthographe, **parlons-en !**

Parmi les nouvelles formes, qui sont aujourd'hui recommandées, on notera, par exemple, *rela**i*** à la place de *rela**is*** pour la forme au singulier, on retiendra *comba**tt**ivité* à la place de *combativité*, on écrira *acup**on**cteur* plutôt qu'*acup**un**cteur*.

Pour quelles raisons les spécialistes de l'orthographe et les autorités souhaitent-ils privilégier ces formes plutôt que les autres ? Pourquoi, aujourd'hui, les dictionnaires véhiculent-ils ces formes ?

Si l'on reprend les trois mots que nous venons de citer (*relais, combativité, acupuncteur*), ces mots apparaissent comme des anomalies dans le système de l'« ancienne orthographe » du français.

Relais : dans l'ancienne orthographe, le mot *relais* est isolé par rapport aux autres mots qui se terminent par *ai* : *balai, délai, essai*. De plus, le *s* que l'on trouve à la finale du mot *relais* ne correspond à aucune prononciation. Cette lettre n'a donc aucune raison d'être. Pour pouvoir orthographier le mot *relais* avec son *s* à la fin, il faut l'étudier par cœur et peut-être le recopier plusieurs fois avant de le retenir.

Combativité : dans l'ancienne orthographe, le mot *combativit*é est isolé par rapport aux autres mots de la famille à laquelle il appartient : *battre, débattre, combattre, battu, battant, combattant*, tous ces mots s'écrivant avec deux *t* ! Il en va de même pour *combativité* que pour *relais* : pour pouvoir l'orthographier correctement, il faut l'étudier par cœur et, si nécessaire, le recopier plusieurs fois pour bien le fixer dans sa mémoire.

De plus, ce mot pose un autre problème. Car, si on se place du point de vue de l'étymologie (c'est-à-dire de l'origine des mots), on observe que le mot *combativité* a été formé à partir du verbe *combattre* ; qui, lui, est bel et bien formé avec deux *t* ! On peut donc vraiment considérer que le mot *combativité*, avec son unique *t*, est une anomalie, voire même une « faute ». Une « faute » qui était véhiculée dans les dictionnaires ! Une « faute » qui était enseignée dans les écoles ! Une « faute » qui était écrite dans les livres !

C'est précisément l'un des objectifs qui ont présidé à l'esprit des rectifications orthographiques de 1990 de « corriger » un certain nombre de « fautes » ou d'anomalies qui ont parfois été présentées par les dictionnaires, les livres de classe, les instituteurs et les professeurs de français comme des formes régulières à connaitre, à étudier et à reproduire !

Acupuncture : pourquoi, aujourd'hui, recommande-t-on d'écrire *acuponcture* plutôt que *acupuncture* ?

Il y a deux raisons à cela :

La première, c'est que le mot *acupuncture* est, à l'origine, un mot issu du latin. Ce mot latin ne correspond plus au français d'aujourd'hui. En effet, dans le français actuel, le mot *acupuncture* se prononce « acupONcture ».

La seconde raison, c'est que, indépendamment de la nouvelle orthographe, on peut constater que, dans les dictionnaires, les *Larousse*, *Robert* et *Littré* des années 1970, 1980, 1990, le mot *acupuncture* s'écrivait de deux façons différentes : *acupuncture* ou *acuponcture*. Les deux formes coexistent, en fait, depuis longtemps et les usagers ont le choix entre chacune d'elles.

Les dictionnaires contemporains considèrent qu'au XXIe siècle, il n'y a plus beaucoup de raisons de conserver l'orthographe des anciens mots issus du latin quand leur écriture et leur prononciation n'ont plus de rapport avec le français actuel. Les spécialistes de la langue française parlent d'un processus de ***francisation*** des mots anciens ou d'origine étrangère. C'est pour cette raison que les dictionnaires privilégient aujourd'hui la forme *acuponcture*.

À travers les trois exemples qui ont été présentés, nous pouvons constater que la nouvelle orthographe poursuit principalement deux objectifs majeurs :

• Le premier consiste à régulariser des formes qui se trouvent isolées par rapport à une série à laquelle elles appartiennent : ainsi, le mot *relai* rejoint *balai*, *délai*, *essai* et *déblai* ; la forme *combattivité* rejoint les trois verbes *battre*, *débattre*, *combattre* et le nom *battant*.

Ce principe s'applique à beaucoup d'autres mots : en nouvelle orthographe, on peut écrire *évènement* (avec un accent grave sur le deuxième *e* au lieu de l'accent aigu dans l'ancienne orthographe) comme *avènement*. On peut aussi écrire *règlementation* (avec l'accent grave sur le premier *e* comme on le fait déjà pour *règlement*).

• Le deuxième objectif de la nouvelle orthographe consiste à moderniser et à franciser, quand cela est possible, des mots d'origine ancienne ou étrangère afin de les rendre conformes à l'écriture et à la prononciation du français actuel : *acuponcture* comme nous l'avons vu ; *révolver* à la place de *revolver*, etc.

Les questions
que vous vous posez

***Si je continue à écrire dans l'ancienne ortho-
graphe, donc celle que j'ai apprise, est-ce que
c'est une faute ?***

Bien entendu, l'ancienne orthographe reste valable. Le
Conseil supérieur de la langue française, l'Académie
française, le gouvernement français ont très clairement
signalé que les deux orthographes sont désormais
admises. Aucune des deux ne peut être considérée
comme fautive. Il est admis de mélanger les deux
orthographes, comme vous le faites sans doute incon-
sciemment depuis longtemps lorsque, par exemple,
vous écrivez *paraître* avec l'accent circonflexe et *des
spaghettis* (avec un *s* dans la nouvelle orthographe).

***Si j'écris dans la « nouvelle orthographe »,
mes lecteurs ne vont-ils pas penser que je
commets des fautes ?***

Il existe effectivement une possibilité que certaines
personnes ne connaissent pas encore la nouvelle
orthographe et considèrent comme fautives des
formes modernisées. Il y a cependant un moyen assez

simple de résoudre ce problème : il s'agit de signaler au début ou à la fin de ses textes ou de ses lettres que l'on applique les rectifications orthographiques de 1990 : «J'écris en nouvelle orthographe», «J'écris en orthographe moderne» ou encore «J'applique les rectifications orthographiques de 1990».

Est-il difficile d'apprendre la nouvelle orthographe ?

Pour les enfants qui apprennent et découvrent l'orthographe, pour les étrangers qui étudient la langue de Molière, il est plus facile d'apprendre la nouvelle orthographe que l'ancienne.

Celle-ci est plus cohérente, plus conforme à la prononciation du français que ne l'est l'ancienne.

Comme vous l'avez vu plus haut avec les trois mots *relai*, *acuponcture* et *combattivité* (écrits ici dans leur forme modernisée), la nouvelle orthographe présente beaucoup moins d'exceptions et d'irrégularités à apprendre par cœur. En ce qui concerne les enfants de l'école primaire ou toute autre personne débutant dans l'apprentissage de l'orthographe, il n'y a donc pas, au début, de raison de leur parler d'une ancienne ou d'une nouvelle orthographe.

Pour les personnes habituées à l'ancienne orthographe, la situation est un peu différente. La nouvelle orthographe nécessitera peut-être un petit temps d'adaptation. En aucun cas il n'y a lieu de s'inquiéter ou de se forcer à apprendre la nouvelle orthographe en un jour ! Tout le monde peut continuer à écrire dans l'ancienne et s'habituer progressivement à la nouvelle.

Grâce au livre très concret et très pratique que vous tenez entre les mains, vous pouvez vous intéresser progressivement aux rectifications et les apprendre en douceur.

L'expérience a montré qu'il est possible de « passer » à la nouvelle orthographe en deux ou trois semaines et de déjà se familiariser avec elle en quelques jours.

Pour un apprentissage simple et rapide de la nouvelle orthographe, voir la liste des mots les plus courants de l'orthographe moderne, p. 111.

J'ai toujours pensé et appris qu'il n'y avait qu'une et une seule orthographe, qu'elle était fixée et qu'on ne pouvait rien y changer. Pourquoi alors toutes ces modifications ?

Quand on regarde dans un dictionnaire quelle est la signification du mot « orthographe », on trouve, par exemple, la définition suivante : « [l'orthographe est la] manière d'écrire un mot qui est considérée comme la seule correcte ».

Cette conception de l'orthographe est probablement celle qui domine dans les représentations de la plupart des instituteurs, des professeurs de français et de la grande majorité des gens.

Pourtant, chacun peut se souvenir d'un instituteur qui expliquait que, pour certains mots, deux orthographes étaient possibles : *cuiller* ou *cuillère, je paie* ou *je paye, clé* ou *clef, gaîment* ou *gaiement* ou *gaiment, événement* ou *évènement,* etc. Pour ces quelques mots, la plupart des professeurs, des dictionnaires et des livres scolaires laissent aux enfants et à tous les usagers de l'écrit le choix entre deux (ou plusieurs) orthographes.

Ce principe selon lequel un certain nombre de mots peuvent s'écrire de deux ou plusieurs façons différentes s'appelle la « **variation graphique** ». Les différentes formes que les mots peuvent prendre sont appelées **des *variantes* :** *paiement* et *payement, clé* ou *clef* sont deux variantes d'un même mot.

Dans les années 1970 et 1980, en comparant les principaux dictionnaires courants, *Larousse, Robert* et *Littré,* plusieurs spécialistes de l'orthographe du français ont pu observer que la liste des mots qui s'orthographiaient de différentes façons était très longue. En réalité, cette liste ne se limite pas aux quelques exemples cités, mais elle s'étend à deux ou trois-mille mots, voire même beaucoup plus ! Et c'est pour cette raison qu'en 1990, il a plu aux pouvoirs publics et à l'Académie de mettre fin à quelques « incohérences et absurdités » existant entre les dictionnaires.

La nouvelle orthographe, **parlons-en !**

Les variantes dans les dictionnaires : illustration

Forme 1	Forme 2
un pèse-lettre (Académie)	un pèse-lettres (Littré)
un essuie-main (Académie)	un essuie-mains (Larousse)
des pèse-bébé (Larousse)	des pèse-bébés (Robert)
cardio-vasculaire (Larousse)	cardiovasculaire (Robert)
mamy (Larousse)	mammy (Robert)
pizzeria (Larousse)	pizzéria (Robert)

Donc, si nous reprenons la définition du mot « orthographe » que nous avons donnée plus haut, nous pouvons facilement prendre conscience que cette définition n'est pas tout à fait juste. Si l'on tient compte de l'existence de nombreuses variantes dans la langue française, cette définition ne tient plus la route !

Pour cette raison, nous proposons une autre définition du mot « orthographe », que voici : « l'orthographe, ce sont **les différentes façons** d'écrire un mot qui sont considérées comme correctes ».

Nous pouvons maintenant plus facilement répondre à la question de départ.

Beaucoup de gens ont peut-être cru et appris qu'il n'y avait qu'une seule orthographe, que celle-ci était définitivement fixée et ne pourrait jamais changer. Cette vision de l'orthographe, qui est parfois véhiculée dans les livres d'école et les dictionnaires, nous parait erronée pour deux raisons :

D'une part, comme nous l'avons vu, il existe, dans la langue française, plus de trois-mille mots qui ont une ou plusieurs variantes.

D'autre part, l'orthographe a une histoire et a toujours évolué dans les dictionnaires et dans les écrits depuis le Moyen Âge jusqu'à nos jours.

Donc, pour de nombreux mots de la nouvelle orthographe, il ne s'agit pas, en fait, de « nouvelle » orthographe ni non plus de « modifications », mais simplement de la recommandation d'une forme plus appropriée, plus moderne, plus en phase avec les réalités et les habitudes d'écriture actuelles.

C'est ce que la deuxième partie de ce livre vous montrera !

Les correcteurs orthographiques sont-ils mis à jour ?

Oui ! Depuis plusieurs années déjà, les correcteurs et les logiciels informatiques les plus courants ont adopté la nouvelle orthographe : Word, Outlook, PowerPoint, OpenOffice, Antidote, Cordial, ProLexis, etc.

Grâce à tous ces logiciels de traitement de texte, il est encore plus facile de « passer » à la nouvelle. En un clic de souris, il est désormais possible d'appliquer les rectifications orthographiques en à peine quelques secondes.

Résumé des règles
de la nouvelle orthographe

Le trait d'union

En nouvelle orthographe, beaucoup de mots qui sont unis par un trait d'union peuvent être réunis en un seul mot quand le lien entre les deux mots composés n'apparait pas clairement : *croque-monsieur* devient *croquemonsieur* ; *rond-point* devient *rondpoint*, etc. Ceci ne veut pas dire que le trait d'union disparait totalement en français : il se maintient, par exemple, dans un mot comme *garde-chasse*.

Le trait d'union est également supprimé :

Dans la plupart des mots composés avec des petits mots comme *contre, entre, infra, ultra, auto, socio*, etc. : *extra-terrestre* devient donc *extraterrestre* ; *auto-stop* devient *autostop*.

Dans les mots qui expriment des sons naturels (des onomatopées) : *tic-tac* devient *tictac* ; *yé-yé* devient *yéyé*.

Dans beaucoup de mots d'origine étrangère : *week-end* devient *weekend* ; *base-ball* devient *baseball*.

Par contre, le trait d'union peut être introduit entre tous les numéraux composés : *vingt et un* devient *vingt-et-un* ; *trois cent deux* devient *trois-cent-deux*, etc.

Les marques du pluriel

Les noms composés d'un verbe et d'un nom commun peuvent désormais tous prendre la marque du pluriel sur le dernier élément : *des perce-neige* devient *des perce-neiges*.

Au singulier, les noms composés d'un verbe et d'un nom commun ne portent plus la marque du pluriel : *un porte-documents* devient *un porte-document* ; *un cure-ongles* devient *un cure-ongle*.

Les noms composés d'une préposition et d'un nom peuvent tous prendre la marque du pluriel sur le second élément : *des après-midi* devient *des après-midis*.

La plupart des mots d'origine étrangère forment désormais leur pluriel comme en français : *des spaghetti* devient *des spaghettis* ; *des extra* devient *des extras*.

L'accentuation

L'accent grave remplace l'accent aigu sur la lettre *e* chaque fois que celle-ci est située devant une syllabe qui comprend un *e* muet : *événement* devient *évènement* ; *il cédera* devient *il cèdera*.

L'accent circonflexe, quant à lui, disparait sur le *i* et le *u*. Il existe cependant quatre mots qui conservent l'accent circonflexe sur le *u* pour éviter des confusions avec leurs homophones : *dû* (participe passé masculin singulier du verbe *devoir*), *jeûne* (« privation de nourriture »), *mûr* (« mature »), *sûr* (« certain »). L'accent circonflexe est aussi maintenu dans la conjugaison des verbes, notamment au passé simple : *nous fûmes*.

Le tréma est introduit sur la lettre *u* après *g* lorsqu'il faut la prononcer : *ambiguë* devient *ambigüe*.

Les accents graves et aigus peuvent être introduits sur la plupart des mots d'origine étrangère quand ceux-ci correspondent à la prononciation française : *placebo* devient *placébo* ; *senior* devient *sénior*.

L'harmonisation des consonnes doubles

En français, de nombreux mots qui appartiennent à une même famille s'écrivent tantôt avec une consonne simple (*donateur*), tantôt avec une consonne double (*donner*). Ce domaine est très vaste et il était difficile aux linguistes de tout simplifier en une fois.

On retiendra quelques mots courants qui ont été harmonisés par rapport à la famille de mots à laquelle ils appartiennent : *chariot* s'écrit avec deux *r* comme *charrette* ; *interpeler* s'écrit avec un seul *l* comme *appeler*, etc.

Les mots d'origine étrangère

Comme pour les mots *acuponcture* ou *placébo* (ici écrits en nouvelle orthographe), la plupart des mots d'origine étrangère (latine ou grecque, anglaise ou autre) peuvent être francisés. Il convient cependant d'attirer l'attention sur le fait que les mots d'origine grecque avec *ph* et *th* n'ont pas été modifiés : *photographe, orthographe, pharmacie, éléphant*, par exemple, s'écrivent toujours de la même manière.

L'accord du participe passé du verbe *laisser* suivi d'un infinitif

Enfin, la dernière règle est très claire et très simple, sans aucune exception. Le participe passé du verbe *laisser* suivi d'un infinitif est désormais invariable : « les enfants que tu as laissé partir », « ils se sont laissé mourir ».

deuxième partie

Les listes et les **règles** des mots de la nouvelle **orthographe**

Le trait d'union

Dans cette section, vous découvrirez, entre autres, qu'il est faux de croire que le trait d'union a totalement disparu de la langue française en « nouvelle orthographe ».

Vous découvrirez également que la plupart des formes simples, aujourd'hui soudées, coexistaient déjà, dans l'ancienne orthographe, en concurrence avec les formes composées (*extra-terrestre/extraterrestre*).

Vous verrez qu'il est désormais plus facile d'écrire les numéraux composés en y introduisant systématiquement un trait d'union entre chaque élément.

Suppression du trait d'union
dans les mots composés
avec *contre* et *entre*

Je remplace le trait d'union par la soudure dans les mots composés avec *contre* et *entre* :

à contre-courant ➜ *à contrecourant*
entre-temps ➜ *entretemps*

BON À SAVOIR
On appelle **soudure** le processus qui consiste à écrire et rassembler en un seul mot les éléments d'un composé. Dans l'exemple présenté ci-dessus, ***entretemps***, en un mot, est soudé alors qu'***entre-temps***, avec le trait d'union, ne l'est pas. Le processus de la soudure entraine la suppression du trait d'union.

Ancienne orthographe	Nouvelle orthographe
une contre-indication	une contrindication
contre-indiquer	contrindiquer
un contre-exemple	un contrexemple
entre-jambe(s)	entrejambe
entre-temps	entretemps
s'entre-tuer	s'entretuer

UN PEU D'HISTOIRE...

En nouvelle orthographe, plusieurs mots composés séparés par un trait d'union peuvent être soudés, c'est-à-dire collés l'un à l'autre sans aucune forme de séparation :

un croque-monsieur ➜ *un croquemonsieur ;*
un week-end ➜ *un weekend.*

Le processus de la soudure est très ancien en français et n'est pas une innovation des rectifications orthographiques de 1990. Deux des mots les plus courants dans la langue, *monsieur* et *madame*, se sont formés à partir de la soudure entre le déterminant possessif et le nom : *mon sieur, ma dame.*

Exemples de mots soudés courants :

Ancienne forme	Mot français soudé
à l'entour	alentour
à bandon	abandon
à Dieu	adieu
bon jour	bonjour
bon soir	bonsoir
(la poule) d'Inde	(la) dinde
les gens d'armes	gendarme
Mac Adam (nom propre)	macadam
si non	sinon

Suppression du trait d'union
dans les mots composés
avec *extra*, *infra*, *intra* et *ultra*

Je remplace le trait d'union par la soudure dans les mots composés avec *extra*, *infra*, *intra* et *ultra* :

extra-large → *extralarge*
infra-rouge → *infrarouge*

Ancienne orthographe	Nouvelle orthographe
extra-légal	extralégal
extra-lucide	extralucide
extra-terrestre	extraterrestre
infra-sonore	infrasonore
intra-muros	intramuros
ultra-chic	ultrachic
ultra-violet	ultraviolet

Suppression du trait d'union
dans les mots composés avec des éléments savants

Je remplace le trait d'union par la soudure dans les mots composés avec des éléments savants, en particulier ceux terminés par *-o* :

agro-alimentaire → *agroalimentaire*
socio-culturel → *socioculturel*

BON À SAVOIR
On appelle **élément savant** une partie de mot qui ne constitue pas à elle seule un mot autonome : *auto-*, *micro-*, *socio-* sont des éléments savants. Ces mots sont, la plupart du temps, issus du latin et du grec. Ils sont régulièrement utilisés dans la formation du vocabulaire scientifique ou médical.

Ancienne orthographe	Nouvelle orthographe
audio-visuel	audiovisuel
une auto-évaluation	une autoévaluation
une broncho-pneumonie	une bronchopneumonie
micro-onde	microonde

Les listes et les règles des mots **de la nouvelle orthographe**

Ancienne orthographe	Nouvelle orthographe
un micro-ordinateur	un microordinateur
un mini-golf	un minigolf
une mini-jupe	une minijupe
post-scriptum	postscriptum
sacro-saint	sacrosaint
socio-culturel	socioculturel
socio-économique	socioéconomique

Suppression du trait d'union
dans les onomatopées

Je remplace le trait d'union par la soudure dans les mots composés à partir d'une onomatopée :

bla-bla ➜ *blabla*
coin-coin ➜ *coincoin*

BON À SAVOIR
On appelle **onomatopée** un mot qui sert à transcrire des sons naturels. Le *coincoin* représente le son produit par un canard ; le *glouglou* évoque le son de l'eau.

Ancienne orthographe	Nouvelle orthographe
un bla-bla, des bla-bla	un blabla, des blabla**s**
coin-coin	coincoin
couci-couça	coucicouça
hi-han	hihan
kif-kif	kifkif
un méli-mélo, des méli-mélo	un mélimélo, des mélimél**os**
pêle-mêle	pêlemêle
le ping-pong	le pingpong
un tam-tam, des tam-tams	un tamtam, des tamtams
un tic-tac	un tictac

Dans l'ancienne orthographe, il est très difficile de savoir comment transcrire le pluriel des onomatopées pourvues d'un trait d'union. Les dictionnaires se contredisent et multiplient les exemples de variantes : *des tam-tam, des tam-tams, des tams-tams.* Dans la nouvelle, cette question ne se pose plus. On note simplement un *s* à la finale du nom : *tamtams*.

Suppression du trait d'union
dans les mots d'origine étrangère

Je remplace le trait d'union par la soudure dans les mots d'origine étrangère les plus courants :
week-end → *weekend*
base-ball → *baseball*

Dans cette série, les mots *baseball*, *basketball*, *handball* et *volleyball* rejoignent *football*, qui s'écrit régulièrement avec la soudure.

Ancienne orthographe	Nouvelle orthographe
le basket-ball	le basketball
un best-seller, des best-sellers	un bestseller, des bestsellers
des corn-flakes	un (ou du) cornfla**ke**, des cornflakes
un cow-boy, des cow-boys	un cowboy, des cowboys
un fast-food	un fastfood
un globe-trotter, des globe-trotters	un globetrott**eur**, des globetrott**eurs**
le hand-ball	le handball
un hold-up, des hold-up	un holdhup, des holdhu**ps**
un juke-box, des juke-box	un jukebox, des jukebox

Les listes et les règles des mots **de la nouvelle orthographe**

Ancienne orthographe	Nouvelle orthographe
du moto-cross	du motocross
un pick-up, des pick-up	un pickup, des picku**ps**
le volley-ball	le volleyball

Suppression du trait d'union
à l'intérieur de plusieurs mots composés

Je remplace le trait d'union par la soudure dans de nombreux mots composés avec *bas, bien, haut, mal, mil, pique, porte, tout,* etc. :

bien-être → *bienêtre*
haut-parleur → *hautparleur*

Ainsi soudé, le mot *bienêtre* rejoint les mots *bienfait, bienfaiteur, bienveillance, bienvenu* et *bienvenue,* qui s'écrivent régulièrement avec la soudure.

Ancienne orthographe	Nouvelle orthographe
d'arrache-pied	d'arrachepied
une basse-cour	une bassecour
un boute-en-train	un boutentrain
un chausse-pied	un chaussepied
une chauve-souris	une chauvesouris
un croque-monsieur	un croquemonsieur
un en-tête	un entête
essuie-tout	essuietout
un faire-part	un fairepart

Les listes et les règles des mots **de la nouvelle orthographe**

Ancienne orthographe	Nouvelle orthographe
un fourre-tout	un fourretout
la haute-fidélité	la hautefidélité
un mille-pattes	un millepat**te**
un passe-temps	un passetemps
un pique-nique	un piquenique
une plate-forme	une plateforme
un porte-clés	un porte**clé**
un porte-monnaie	un portemonnaie
un rond-point	un rondpoint
un rouge-gorge	un rougegorge

Ajout du trait d'union
dans les numéraux

Je mets systématiquement le trait d'union dans les numéraux composés :

cent quinze → *cent-quinze*
cinq cents → *cinq-cents*

Ancienne orthographe	Nouvelle orthographe
dix-neuf	dix-neuf (*inchangé*)
cent quinze	cent-quinze
sept cents	sept-cents
vingt et un	vingt-et-un
mille deux cent vingt-neuf	mille-deux-cent-vingt-neuf

Maintien du trait d'union
dans les composés exprimant
des relations géographiques
ou historiques

Je place un trait d'union entre les deux éléments d'un mot composé exprimant des relations géographiques ou historiques : *anglo-arabe, belgo-français*, etc.

Exemples de mots concernés
anglo-danois
franco-italien
gréco-latin
hispano-américain
indo-européen (*la civilisation indo-européenne*)
israélo-palestinien
le judéo-christianisme
judéo-espagnol
latino-américain
sino-coréen

Le singulier et le pluriel

Les rectifications orthographiques portant
sur la formation du singulier et du pluriel ne
concernent que les mots composés d'un verbe
et d'un nom, d'une préposition et d'un nom
ainsi que les mots d'origine étrangère.

Autrement dit, les noms simples de formation
française n'ont pas été traités (*landaus*, *sarraus*,
travaux, *chevaux*, *clous*, *choux*, *bijoux*, etc.) et
les autres types de noms composés n'ont pas
été touchés par la nouvelle orthographe.

Le singulier des noms composés
d'un verbe et d'un nom

Quand j'écris au singulier un mot composé d'un verbe et d'un nom, je ne mets pas de marque du pluriel sur le deuxième élément :

un essuie-mains ➜ *un essuie-main*
un casse-noisettes ➜ *un casse-noisette*

Ancienne orthographe	Nouvelle orthographe
un brise-lames	un brise-la**me**
un lance-flammes	un lance-fla**mme**
du lèche-vitrines	du lèche-vitri**ne**
un ouvre-bouteilles	un ouvre-boutei**lle**
un porte-avions	un porte-avi**on**
un porte-documents	un porte-docume**nt**
un presse-fruits	un presse-fru**it**
un taille-crayons	un taille-cray**on**
un tire-fesses	un tire-fes**se**

Le pluriel des noms composés
d'un verbe et d'un nom

Quand j'écris au pluriel un mot composé d'un verbe et d'un nom, je marque naturellement le pluriel sur le deuxième élément :

des grille-pain ➜ *des grille-pains*
des cure-dent ➜ *des cure-dents*

Ancienne orthographe	Nouvelle orthographe
des abaisse-langue	des abaisse-langues
des abat-jour	des abat-jours
des amuse-gueule	des amuse-gueules
des appuie-main	des appuie-mains
des appuie-tête	des appuie-têtes
des attrape-mouche	des attrape-mouches
des brise-glace	des brise-glaces
des casse-cou	des casse-cous
des cure-dent	des cure-dents
des gratte-ciel	des gratte-ciels
des lave-vaisselle	des lave-vaisselles
des réveille-matin	des réveille-matins

Le singulier des noms composés
d'une préposition et d'un nom

Quand j'écris au singulier un mot composé d'une préposition et d'un nom, je ne mets pas de marque de pluriel sur le deuxième élément :

un sans-papiers ➜ *un sans-papier*

Les mots concernés par cette règle étant très rares dans l'usage, il n'est pas utile d'en présenter une liste plus longue.

Le pluriel des noms composés
d'une préposition et d'un nom

Quand j'écris au pluriel un mot composé d'une préposition et d'un nom, je marque naturellement le pluriel sur le **deuxième élément :**

des après-midi → *des après-midis*
des sous-verre → *des sous-verres*

BON À SAVOIR
Dans cette série, le mot *sous-tasse* a été soudé :

une sous-tasse → *une soutasse*
des sous-tasse → *des soutasses*

Ainsi soudé, le mot *soutasse* rejoint *soucoupe*.

Le pluriel des mots
d'origine étrangère

Quand j'écris un mot d'origine étrangère au pluriel, j'applique les mêmes règles que s'il s'agissait d'un mot français :

des agenda → *des agenda**s***
des spaghetti → *des spaghett**is***

Mots d'origine latine

Ancienne orthographe	Nouvelle orthographe
un duplicata, des duplicata	un duplicata, des duplicat**as**
un extra, des extra	un extra, des extr**as**
un maximum, des maxima	un maximum, des maximu**ms**
un minimum, des minima	un minimum, des minimu**ms**
un lapsus, des lapsi	un lapsus, des laps**us**
un stimulus, des stimuli	un stimulus, des stimul**us**

Mots d'origine italienne

Ancienne orthographe	Nouvelle orthographe
des cannelloni	des cannellon**is**
des macaroni	des macaron**is**
des panini	des panin**is**
des ravioli	des raviol**is**

Le singulier et le pluriel

Mots d'origine anglaise terminés par *-man*

Ancienne orthographe	Nouvelle orthographe
un barman, des barmen	un barman, des barm**ans**
un cameraman, des cameramen	un ca**mé**raman, des ca**mé**ram**ans**
un superman, des supermen	un superman, des superm**ans**

Mots d'origine anglaise terminés par *-ch*

Ancienne orthographe	Nouvelle orthographe
un lunch, des lunches	un lunch, des lunc**hs**
un match, des matches	un match, des matc**hs**
un ranch, des ranches	un ranch, des ranc**hs**
un sandwich, des sandwiches	un sandwich, des sandwic**hs**
un smash, des smashes	un smash, des smas**hs**

Mots d'origine anglaise terminés par *-y*

Ancienne orthographe	Nouvelle orthographe
un hippy/un hippie, des hippies	un hipp**ie**, des hippies
un hobby, des hobbies	un hobby, des hobb**ys**
un penalty, des penalties	un **pé**nalty, des **pé**nalt**ys**

L'accentuation

Dans cette section, vous verrez que la nouvelle orthographe ne fait que régulariser des habitudes d'écriture prises déjà depuis longtemps par la plupart des usagers et des dictionnaires. Les mots présentés ci-après sur lesquels l'accent aigu a été rajouté *(asséner, référendum)* sont, pour la plupart, des mots sur lesquels l'accent avait été oublié dans les dictionnaires des siècles précédents.

Vous découvrirez également que, contrairement à une croyance très largement répandue, l'accent circonflexe n'a pas disparu de la langue française en nouvelle orthographe. En réalité, il n'est supprimé que sur les deux lettres *i* et *u*.

L'accent aigu

Je place un accent aigu sur le *e* de quelques mots où il avait été oublié et/ou dont la prononciation a changé :

assener ➜ *as**é**ner*
un referendum ➜ *un r**é**f**é**rendum*

Mots « français »

Ancienne orthographe	Nouvelle orthographe
assener	ass**é**ner
cedex	**cé**dex
un demiurge	un **dé**miurge
québecois	qué**bé**cois
receler	re**cé**ler
un recepage	un re**cé**page
une recepée	une re**cé**pée
receper	re**cé**per
un reclusionnaire	un **ré**clusionnaire
un refrènement	un **ré**frènement
refréner	**ré**fréner
la senescence	la **sé**nescence
une vilenie	une vil**é**nie

L'accentuation

Mots d'origine latine

Ancienne orthographe	Nouvelle orthographe
a posteriori	**à** post**é**riori
un artefact	un art**é**fact
un delirium tremens	un **dé**lirium tr**é**mens
le duodenum	le duod**é**num
un memento	un **mé**mento
un memorandum, des memoranda	un **mé**morandum, des **mé**morand**ums**
un placebo	un pla**cé**bo
un referendum	un **réfé**rendum
un satisfecit, des satisfecit	un satis**fé**cit, des satis**fé**ci**ts**
un senior	un **sé**nior
un vade-mecum, des vade-mecum	un va**démé**cum, des va**démé**cu**ms**
un veto, des veto	un **vé**to, des **vé**to**s**

Mots d'origine étrangère

Ancienne orthographe	Nouvelle orthographe
un atemi, des atemi	un at**é**mi, des at**é**mi**s**
un allegro, des allegro	un all**é**gro, des all**é**gro**s**
un brasero	un bras**é**ro
une cafeteria	une ca**fété**ria
un cameraman, des cameramen	un ca**mé**raman, des ca**mé**ram**ans**
un cicerone	un ci**cé**rone
un decrescendo, des decrescendo	un **dé**crescendo, des **dé**crescend**os**
le diesel	le di**é**sel

Les listes et les règles des mots **de la nouvelle orthographe**

Ancienne orthographe	Nouvelle orthographe
un edelweiss	un **é**delweiss
un impresario, des impresarii	un impr**é**sario, des impr**é**sari**os**
les medias	les **mé**dias
la perestroïka	la **pé**restroïka
une peseta	une p**ésé**ta
un revolver	un r**é**volver
un seringuero	un **sé**ring**ué**ro
un sombrero	un sombr**é**ro
une tequila	une **té**quila
un tremolo, des tremolos	un tr**é**molo, des tr**é**mol**os**

Mots à double prononciation

En français, de nombreux mots peuvent se prononcer de deux ou plusieurs façons différentes. L'orthographe moderne permet d'accentuer (ou non) les mots conformément à la prononciation que vous choisissez !

Ancienne orthographe	Nouvelle orthographe
bolchevique	bolchevique *ou* bol**ché**vique
le bolchevisme	le bolchevisme *ou* le bol**ché**visme
la féerie	la féerie *ou* la f**éé**rie
féerique	féerique *ou* f**éé**rique
gangrener	gangrener *ou* gangr**é**ner
gangreneux	gangreneux *ou* gangr**é**neux

L'accentuation

Ancienne orthographe	Nouvelle orthographe
un jamboree	un jambor*ee* ou un jambor**ée** (selon la prononciation : « i » ou « é » à la finale du mot)
le marketing	le marketing *ou* le mark**é**ting
un pedigree	un **pé**digr*i* ou un **pé**dig**rée** (selon la prononciation : « i » ou « é » à la finale du mot)
un peso	un peso *ou* un **pé**so

L'accent grave

Remplacement de l'accent grave (`) par l'accent aigu (´) dans les mots du type *évènement*

Je remplace l'accent aigu (´) sur le *e* par l'accent grave (`) dans les mots du type *évènement* devant une syllabe qui contient un *e* « muet » ou « instable » :

un événement → *un év**è**nement*
un céleri → *un c**è**leri*

BON À SAVOIR
Dans l'ancienne orthographe, le *e* fermé (*é*) avec un accent aigu de *céleri* ou *événement* se prononce comme un *e* ouvert. Cet accent était incohérent.

En remplaçant l'accent aigu par l'accent grave, la nouvelle orthographe rend la graphie conforme à la prononciation.

L'accentuation

EXCEPTIONS
1. Les deux mots *médecin* et *médecine*, qui ne posent pas de problème du point de vue de la prononciation, ne sont pas concernés par cette règle.
2. Les mots commençant par les préfixes *dé-*, *pré-* ou *é-*, qui ne posent pas non plus de problème du point de vue de la prononciation, ne sont pas concernés par cette règle : *dégeler, déjeter, prévenir, élever, épeler,* etc.

Mots terminés par *-ement*

Ancienne orthographe	Nouvelle orthographe
un abrégement	un abrègement
un allégement	un allègement
allégrement	allègrement
un asséchement	un assèchement
un empiétement	un empiètement
un événement	un évènement

Ainsi modifiés, ces mots (*évènement, allègrement,* etc.) rejoignent l'adverbe *complètement*, qui s'écrit régulièrement avec l'accent grave sur le *e*.

UN PEU D'HISTOIRE...
Une pénurie d'accents graves en 1740...

En 1740, alors que l'Académie préparait la 3e édition de son *Dictionnaire*, il était logiquement prévu d'écrire le mot *évènement* avec un accent grave sur le *e* tout comme sur *règlement* ou *fidèlement*. Par malchance, il se fit que l'imprimeur vint à manquer de *e* avec accents graves dans ses casses et entreprit de les remplacer provisoirement par des accents aigus. On vit alors, dans la troisième édition du *Dictionnaire de l'Académie*, quelques graphies curieuses : *mére, pére, frére, piége, collége, événement,* etc. L'intention était clairement de rectifier cette erreur dans les éditions suivantes. Celles-ci virent le jour plus de vingt ans plus tard. On corrigea notamment les formes *père* et *mère*, mais on oublia de modifier les graphies *événement, allégement, allégrement...*

Ainsi, d'une initiative au départ purement typographique puis d'un oubli malencontreux, on fit la norme. La nouvelle orthographe répare une erreur vieille de plus de deux-cents ans...

L'accentuation

Autres mots

Ancienne orthographe	Nouvelle orthographe
une crémerie	une cr**è**merie
événementiel	ev**è**nementiel
réglementaire	r**è**glementaire
réglementairement	r**è**glementairement
une réglementation	une r**è**glementation
réglementer	r**è**glementer
une sécheresse	une s**è**cheresse

Ainsi modifiés, les mots *règlementaire*, *règlementer*, *règlementation* rejoignent *règlement*, qui s'écrit régulièrement avec l'accent grave.

Remplacement de l'accent aigu (´) par l'accent grave (`) au futur et au conditionnel pour les verbes du type *céder*

Au futur et au conditionnel, je remplace l'accent aigu par l'accent grave dans la conjugaison des verbes du type *céder* :

il cédera → *il c**è**dera*
il protégerait → *il prot**è**gerait*

Les listes et les règles des mots **de la nouvelle orthographe**

BON À SAVOIR

Les verbes du type *céder* sont des verbes qui portent, à l'infinitif, un accent aigu sur le *e* du radical : **cé**der, *protéger*, consi**dé**rer, etc. Dans l'ancienne orthographe, ces verbes suivent le principe selon lequel le futur et le conditionnel sont formés à partir de l'infinitif auquel on ajoute les terminaisons *-ai/-as/-a*, etc. Ce principe ne tient pas compte de la présence de l'accent aigu sur le *e* de ces verbes qui, dans une forme conjuguée, se prononce comme un *e* ouvert. Il y avait donc une anomalie dans le système : le *e* fermé de *il protégera* se prononce comme un *e* ouvert.

En remplaçant l'accent aigu par l'accent grave, la nouvelle orthographe rend ces formes conformes à la prononciation. Les deux formes *il cède* (indicatif présent) et *il cèdera* (indicatif futur) seront désormais en harmonie l'une avec l'autre.

Verbes terminés par *-érer*

Ancienne orthographe (exemples à l'indicatif futur simple 3ᵉ personne du singulier)	Nouvelle orthographe
aérer : il aérera	il a**è**rera
délibérer : il délibérera	il délib**è**rera
considérer : il considérera	il consid**è**rera
transférer : il transférera	il transf**è**rera
digérer : il digérera	il dig**è**rera
tolérer : il tolérera	il tol**è**rera
énumérer : il énumérera	il énum**è**rera

L'accentuation

Ancienne orthographe (exemples à l'indicatif futur simple 3e personne du singulier)	Nouvelle orthographe
vénérer : il vénérera	il vén**è**rera
opérer : il opérera	il op**è**rera
s'avérer : il s'avérera	il s'av**è**rera

Autres terminaisons

Ancienne orthographe (exemples à l'indicatif futur simple, 3e personne du singulier)	Nouvelle orthographe
célébrer : il célébrera	il cél**è**brera
assécher : il asséchera	il ass**è**chera
posséder : il possédera	il poss**è**dera
protéger : il protégera	il prot**è**gera
régler : il réglera	il **rè**glera
régner : il régnera	il **rè**gnera
intégrer : il intégrera	il int**è**grera
déléguer : il déléguera	il dél**è**guera
révéler : il révélera	il rév**è**lera
crémer : il crémera	il cr**è**mera
oxygéner : il oxygénera	il oxyg**è**nera
disséquer : il disséquera	il diss**è**quera
compléter : il complétera	il compl**è**tera
chronométrer : il chronométrera	il chronom**è**trera

61

Introduction de l'accent grave (`) sur le *e* du radical et suppression d'un *l* dans la conjugaison des verbes terminés par -*eler*

Dans la conjugaison des verbes terminés par -*eler*, je remplace le *elle* par *èle* :

il ruisselle → *il ruissèle*
il harcelle → *il harcèle*

Désormais, ces verbes se conjuguent tous sur le modèle de *semer* et *mener*. Avec la nouvelle orthographe, ils rejoignent la série de verbes à laquelle ils appartiennent : *geler, dégeler, modeler, peler*, etc.

EXCEPTIONS

Les trois verbes *appeler, rappeler* et *interpeler* ne sont pas concernés par cette règle et conservent le redoublement du *l* : *il appelle, il rappelle, il interpelle*, etc.

L'accentuation

Ancienne orthographe	Nouvelle orthographe
amonceler : il amoncelle	il amonc**èle**
chanceler : il chancelle	il chanc**èle**
désensorceler : il désensorcelle	il désensorc**èle**
ensorceler : il ensorcelle	il ensorc**èle**
étinceler : il étincelle	il étinc**èle**
ficeler : il ficelle	il fic**èle**
harceler : il harcelle	il harc**èle**
morceler : il morcelle	il morc**èle**
ruisseler : il ruisselle	il ruiss**èle**

Introduction de l'accent grave (`) sur le *e* du radical et suppression d'un *l* dans les noms terminés par *-ment* dérivés des verbes en *-eler*

Je remplace le *elle* par *èle* dans les mots du type *renouvellement* :

un renouvellement → *un renouvèlement*
un ruissellement → *un ruissèlement*

Ainsi modifiés, les mots qui figurent ci-dessous (*amoncèlement, craquèlement*, etc.) rejoignent *harcèlement*, qui s'écrit régulièrement avec un accent grave sur le *e*.

63

Les listes et les règles des mots **de la nouvelle orthographe**

Ancienne orthographe	Nouvelle orthographe
un amoncellement	un amonc**èle**ment
un craquellement	un craqu**èle**ment
un ensorcellement	un ensorc**èle**ment
un dénivellement	un déniv**èle**ment
un étincellement	un étinc**èle**ment
un grommellement	un gromm**èle**ment
un martellement	un mart**èle**ment
un morcellement	un morc**èle**ment
un nivellement	un niv**èle**ment

Introduction de l'accent grave (`) sur le *e* du radical et suppression d'un *t* dans la conjugaison des verbes terminés par *-eter*

Dans la conjugaison des verbes terminés par *-eter*, je remplace le *ette* par *ète* :
il crochette → *il croch**ète***
il halette → *il hal**ète***
il feuillette → *il feuill**ète***

Désormais, ces verbes se conjuguent sur le modèle de *semer* et *mener*. Ils rejoignent ainsi la conjugaison du verbe *acheter*.

Les verbes concernés par cette règle étant très rares dans l'usage, il n'est pas utile d'en présenter une liste plus longue.

EXCEPTIONS

Les verbes *jeter, projeter, déjeter, rejeter* et *interjeter* ne sont pas concernés par cette règle et conservent le redoublement du *t* : *il jette, il projette, il rejette, il déjette, il interjette*, etc.

L'accent circonflexe

UN PEU D'HISTOIRE...

Vous avez certainement appris ou entendu dire que l'accent circonflexe sert à noter un *s* issu d'un mot plus ancien, d'origine latine ou autre. S'il est vrai que ce principe a effectivement pu être appliqué autrefois pour la formation de certains mots (*magister* ➜ *maître, agustus* ➜ *août*), il n'a jamais été une règle. Nombreux sont les mots anciens pourvus d'un *s* dont les dérivés contemporains ne portent pas d'accent circonflexe :

moustarde ➜ *moutarde ;*
rasclar ➜ *racler ;*
boister ➜ *boiter,* etc.

Mot latin	Forme de l'ancien français	Mot français actuel sans accent circonflexe
schola	escole	école
consuetudo	custume	coutume
luscus « borgne »	lousche	louche
musca	musche	mouche

Inversement, de nombreux mots actuels coiffés d'un accent circonflexe ne sont pas issus d'un mot ancien contenant un *s :*

Mot français avec accent circonflexe	Mot latin sans *s*
âcre	acer
bâcler	bacculare
câble	capulum
empêcher	impedicare
poêle	patella
prêche	predicare

Suppression de l'accent circonflexe sur le *i*

Je remplace l'accent circonflexe par le point sur le *î* :
dîner → *di̇ner*
une île → *une i̇le*

EXCEPTIONS
1. L'accent circonflexe se maintient sur le *î* de quelques formes du verbe *croître* lorsqu'il y a une confusion possible avec l'une des formes du verbe *croire* : *il croit* (= « il pense que... »)/*il croît* (= « il grandit »).
2. L'accent circonflexe se maintient sur le *î* dans les terminaisons verbales du passé simple (*nous vîmes, nous partîmes, vous partîtes*, etc.) et à l'imparfait du subjonctif (*qu'il vît, qu'il partît*).

Les listes et les règles des mots **de la nouvelle orthographe**

BON À SAVOIR

Il est faux de croire que l'accent circonflexe a totalement disparu de la langue française en nouvelle orthographe. Il se maintient sur les trois lettres *a*, *e* et *o* : *âne, âme, câble, château, théâtre* ; *être, fête, fenêtre* ; *contrôle, côte, hôtel, symptôme*, etc.

Suppression de l'accent circonflexe sur le *i* prononcé [i]

Ancienne orthographe	Nouvelle orthographe
abîmé	a**bi**mé
abîmer	a**bi**mer
dîner/il dîne	il **di**ne
un dîner	un **di**ner
une dînette	une **di**nette
un dîneur	un **di**neur
un îlot	un **il**ot
une presqu'île	une presqu'**ile**

Suppression de l'accent circonflexe sur le *i* à l'intérieur de la séquence -*ai*-

Ancienne orthographe	Nouvelle orthographe
aîné	**ai**né
aînesse	**ai**nesse
déplaire/il déplaît	il dépl**ai**t
gaîment/gaiement	g**ai**ment
la gaîté/la gaieté	la g**ai**té
le maraîchage	le mar**ai**chage
un maraîcher	un mar**ai**cher
plaire/il plaît	il pl**ai**t

L'accentuation

Suppression de l'accent circonflexe sur le *i* dans la séquence *-aitre-*

Ancienne orthographe	Nouvelle orthographe
apparaître	apparaitre/il apparait
connaître	connaitre/il connait
un contremaître	un contremaitre
comparaître	comparaitre/il comparait
disparaître	disparaitre/il disparait
un maître, une maîtresse	un maitre, une maitresse
maîtrisable	maitrisable
une maîtrise	une maitrise
maîtriser	maitriser/il maitrise
méconnaître	méconnaitre/il méconnait
naître	naitre/il nait
paraître	paraitre/il parait
réapparaître	réapparaitre/il réapparait
un traître, une traîtresse	un traitre, une traitresse
la traîtrise	la traitrise
transparaître	transparaitre/il transparait

Suppression de l'accent circonflexe sur le *i* dans la séquence *-chai-*

Ancienne orthographe	Nouvelle orthographe
une chaîne	une chaine
chaîner	chainer/il chaine
une chaînette	une chainette
un chaînon	un chainon
déchaîné	déchainé
un déchaînement	un déchainement
déchaîner	déchainer/il se déchaine

Les listes et les règles des mots **de la nouvelle orthographe**

Ancienne orthographe	Nouvelle orthographe
désenchaîner	désenchainer/il désenchaine
un enchaînement	un enchainement
enchaîner	enchainer/il enchaine

Suppression de l'accent circonflexe sur le *i* dans la séquence *-frai-*

Ancienne orthographe	Nouvelle orthographe
défraîchi	défraichi
défraîchir	défraichir/il défraichit
fraîchement	fraichement
la fraîcheur	la fraicheur
fraîchir	fraichir/il fraichit
frais, fraîche	frais, fraiche
rafraîchir	rafraichir/il rafraichit
rafraîchissant	rafraichissant
un rafraîchissement	un rafraichissement

Suppression de l'accent circonflexe sur le *i* dans la séquence *-trai-*

Ancienne orthographe	Nouvelle orthographe
entraînable	entrainable
entraînant	entrainant
entraîner	entrainer/il entraine
un entraîneur, une entraîneuse	un entraineur, une entraineuse
traînailler	trainailler/il trainaille
un traînard	un trainard
traînasser	trainasser/il trainasse

Ancienne orthographe	Nouvelle orthographe
un traîneau	un traineau
une traînée	une trainée
traîner	trainer/il traine

Suppression de l'accent circonflexe sur le *i* dans la séquence *-oi-*

Ancienne orthographe	Nouvelle orthographe
une boîte	une boite
un boîtier	un boitier
un cloître	un cloitre
cloîtrer	cloitrer
croître	croitre
déboîter	déboiter
décroître	décroitre
un emboîtement	un emboitement
emboîter	emboiter
un ouvre-boîte	un ouvre-boite

Les listes et les règles des mots **de la nouvelle orthographe**

Maintien de l'accent circonflexe sur le *î* de quelques formes conjuguées du verbe *croitre*

Verbe concerné	Observation	Sens du mot
Croitre : *il croît* (indicatif présent, 3ᵉ personne du singulier)	– L'accent circonflexe sert à distinguer les deux homonymes de l'indicatif présent : *il croît/il croit* (infinitif : *croire*). – Aux autres temps, le verbe *croitre* a perdu l'accent circonflexe sur le *i* : *il croitra* (indicatif futur), etc.	– *il croît* : il grandit. – *il croit* : il pense que…

Suppression de l'accent circonflexe sur la lettre *u*

Je supprime l'accent circonflexe sur la lettre *u* :
brûlant → ***brulant***
une flûte → ***une flute***

L'accentuation

EXCEPTIONS
1. L'accent circonflexe se maintient sur le *û* des quatre mots *dû, mûr, sûr* et *jeûne* afin d'éviter des problèmes d'homophonie : voir p. 76 et p. 77.
2. L'accent circonflexe se maintient sur le *û* dans les terminaisons verbales du passé simple (*nous eûmes, nous voulûmes*) et à l'imparfait du subjonctif (*qu'il eût, qu'il voulût*).

Suppression de l'accent circonflexe sur le *u*

Ancienne orthographe	Nouvelle orthographe
brûlé	brulé
brûler/ il brûle	bruler/il brule
une brûlure	une brulure
une bûche	une buche
un bûcher	un bucher
bûcher/il bûche	bucher/il buche
un bûcheron, une bûcheronne	un bucheron, une bucheronne
un bûcheur	un bucheur
un flûtiste	un flutiste
flûté	fluté
goulûment	goulument
indûment	indument
mûr, mûre, mûrs, mûres (adjectif)	mûr, mure, murs, mures
une mûre, des mûres (fruit)	une mure, des mures

73

Les listes et les règles des mots **de la nouvelle orthographe**

Ancienne orthographe	Nouvelle orthographe
mûrement	**mu**rement
mûrir	**mu**rir
une piqûre	une pi**qu**re
sûr, sûre, sûrs, sûres (adjectif)	sûr, **su**re, **su**rs, **su**res
la sûreté	la **su**reté

Suppression de l'accent circonflexe sur le *u* à l'intérieur de la séquence *-ou-*

Ancienne orthographe	Nouvelle orthographe
août	a**ou**t
un casse-croûte, des casse-croûte	un casse-cr**ou**te, des casse-cr**oute**s
un coût	un c**ou**t
coûtant	c**ou**tant
coûter/il coûte	c**ou**ter/il c**ou**te
coûteux	c**ou**teux
une croûte	une cr**ou**te
croûter	cr**ou**ter
un croûton	un cr**ou**ton
décroûter	décr**ou**ter
le dégoût	le dég**ou**t
dégoûtant	dég**ou**tant
dégoûté	dég**ou**té
dégoûter	dég**ou**ter
un encroûtement	un encr**ou**tement
encroûter	encr**ou**ter

L'accentuation

Ancienne orthographe	Nouvelle orthographe
envoûtant	envoutant
un envoûtement	un envoutement
un envoûteur	un envouteur
un goût	un gout
goûter/il goûte	gouter/il goute
un goûteur	un gouteur
goûteux	gouteux
un ragoût	un ragout
soûl, soûle/saoul, saoule	soul, soule
un soûlard, une soûlarde/ un saoulard, une saoularde	un soulard, une soularde
soûler/saouler	souler
une voûte	une voute
voûté	vouté

Les listes et les règles des mots **de la nouvelle orthographe**

Maintien de l'accent circonflexe sur le *û* de quelques mots

Mots concernés	Observations	Sens des mots
FORMES CONJUGUÉES DU VERBE *CROITRE* : - **participe passé :** *crû, crûe, crûs, crûes ;* - **indicatif passé simple :** *je crûs, tu crûs, il crût, nous crûmes, vous crûtes, ils crûrent ;* - **subjonctif imparfait :** *que je crûsse, que tu crûsses, qu'il crût, que nous crûssions, que vous crûssiez, qu'ils crûssent.*	L'accent circonflexe sert à distinguer les homonymes dans la conjugaison.	– <u>Crû, je crûs, il crût, etc.</u> : verbe *croître* (« grandir ») – <u>Cru, je crus, il crut, etc.</u> : verbe *croire* (« penser »).
dû (participe passé masculin singulier du verbe *devoir*)	L'accent circonflexe sert à distinguer les deux homonymes : j'ai <u>dû</u> partir/j'ai <u>du</u> plaisir	– <u>devoir</u> (verbe) : avoir une obligation. – <u>du</u> est un déterminant (article) indéfini. Dans l'exemple donné, il désigne une quantité de plaisir.

L'accentuation

Mots concernés	Observations	Sens des mots
mûr	L'accent circonflexe sert à distinguer les deux homonymes : *cet enfant est mûr/ un mur de pierres.*	– être *mûr* (adjectif) : faire preuve de maturité, de sagesse. – un *mur* est une construction en hauteur destinée à soutenir un bâtiment.
sûr	L'accent circonflexe sert à distinguer les deux homonymes : *il est sûr de lui/ ce livre est sur la table.*	– *sûr* (adjectif) : certain. *Être sûr de soi* : avoir confiance en soi. – *sur* (préposition) : dessus, contre.
jeûne	L'accent circonflexe sert à distinguer les deux homonymes : *je jeûne, faire un jeûne/un jeune homme.*	*jeûne* : privation de nourriture *jeune* : en bas âge.

Les listes et les règles des mots **de la nouvelle orthographe**

Le tréma

Déplacement du tréma sur le *u* dans la graphie *-guë*

Pour former le féminin des adjectifs terminés par *-gu*, je mets le tréma (¨) sur le *u* pour indiquer qu'il faut prononcer cette lettre :

aiguë → *aigüe*
ambiguë → *ambigüe*

Ancienne orthographe	Nouvelle orthographe
aigu, aiguë	aigu, aigüe
ambigu, ambiguë	ambigu, ambigüe
contigu, contiguë	contigu, contigüe
exigu, exiguë	exigu, exigüe

Harmonisation des lettres simples et doubles

Cette section présente de nombreux mots qui, dans l'ancienne orthographe, étaient isolés par rapport aux autres mots des séries ou familles auxquelles ils appartiennent. Ils constituaient autant d'exceptions qu'il était nécessaire de mémoriser et d'apprendre (malheureusement) par cœur.

Les familles de mots régularisés

Quand un mot ne s'écrit pas comme les autres mots de la famille à laquelle il appartient, je le régularise :

boursoufler → *boursouffler* (comme *souffle*)
imbécillité → *imbécilité* (comme *imbécile*)

Liste des mots concernés

Ancienne orthographe	Nouvelle orthographe	Famille ou série
la bonhomie	la bonhommie	un homme, un bonhomme
la prud'homie	la prudhommie	un homme, la bonhommie
prud'homal	prudhommal	un homme
un boursouflement	un boursoufflement	le souffle
boursoufler	boursouffler	le souffle
une boursouflure	une boursoufflure	le souffle
un persiflage	un persifflage	siffler, un sifflet, un sifflement
persifler	persiffler	siffler, un sifflet, un sifflement
un persifleur	un persiffleur	siffler, un sifflet, un sifflement
une cahute	une cahutte	une hutte, une lutte

Harmonisation des lettres simples et doubles

Ancienne orthographe	Nouvelle orthographe	Famille ou série
un chariot	un charriot	une charrette, un charretier
une chausse-trape	une chaussetrappe	une trappe, un trappeur, un trappiste
combatif	combattif	combattre, un combattant
la combativité	la combattivité	combattre, un combattant
courbatu	courbattu	battre, battu
une courbature	une courbatture	battre, une battue, une batture
courbaturer	courbatturer	battre
embatre	embattre	battre, combattre, s'ébattre, rabattre
une imbécillité	une imbécilité	imbécile
innomé	innommé	nommer, innommable
une sotie	une sottie	sotte, sottement, une sottise

Réduction de la consonne
double qui suit un *e* muet ou « instable »

Je mets une consonne simple après le son *e* muet :
une dentellière ➜ *une dentelière*
interpeller ➜ *interpeler*

La réduction de la consonne double après un *e* muet pour les mots *interpeler*, *dentelière* (etc.) permet à ces mots de rejoindre la série *appeler, atteler, niveler, ficeler, étiqueter* (etc.), qui s'écrit régulièrement selon le principe **e muet + consonne simple**.

Ancienne orthographe	Nouvelle orthographe	Famille ou série
un dentellier, une dentellière	un dentelier, une dentelière	un atelier, un chandelier
interpeller	interpeler	appeler
un lunettier	un lunetier *ou* un lunettier (selon la prononciation)	un noisetier
un prunellier	un prunelier	un chamelier
ressurgir	resurgir	

Réduction du double *l*
à la finale des mots terminés
par *-olle*

J'écris avec un seul *l* la finale des mots terminés par *-olle* :

une corolle → *une corole*
une girolle → *une girole*

EXCEPTIONS

Les trois mots *colle, molle* et *folle* et leurs dérivés (*mollement, follement*), qui sont considérés comme bien implantés dans l'usage, ne sont pas concernés par cette règle et maintiennent le double *l*.

Ancienne orthographe	Nouvelle orthographe
une barcarolle	une barcarole
une bouterolle	une bouterole
une corolle	une corole
un corollaire	un corolaire
une crolle	une crole
les fumerolles	les fumeroles
une girolle	une girole
les grolles	les groles

Les listes et les règles des mots **de la nouvelle orthographe**

Ancienne orthographe	Nouvelle orthographe
les guibolles	les guib**ole**s
un mariolle	un mari**ole**
une muserolle	une muser**ole**

La réduction du double *l* à la finale des mots anciennement terminés par *-olle* (*corole*, *girole*, etc.) permet de rapprocher ces mots de ceux les plus courants terminés par un seul *l* : *école*, *rougeole*, *variole*, *casserole*, etc.

Réduction du double *n*

Quand les deux graphies *nn* et *n* sont en concurrence dans les dictionnaires, je choisis *n* :

des carbonnades → *des carbonades*
le tannin → *le tanin*

Ancienne orthographe	Nouvelle orthographe
des carbonnades	des carbo**na**des
un connard	un co**na**rd
l'espionnite	l'espio**ni**te
le tannin	le ta**ni**n

Réduction du double *t* dans les verbes terminés
par *-otter* à valeur de diminutif et/ou formés sur une base terminée par *-ot*

J'écris avec un seul *t* les verbes (et leurs dérivés) autrefois terminés par *-otter* :

grelotter ➜ *greloter*
mangeotter ➜ *mangeoter*

BON À SAVOIR
Cette règle ne s'applique que pour les mots terminés par *-otter* à valeur de diminutif et/ou formés à partir d'une base terminée par *-ot* (voir ci-dessous). Elle ne concerne pas les verbes en *-otter* formés à partir d'une base terminée par *-otte* : *frotter, bougeotter, carotter, flotter, menotter, trotter,* etc.

Harmonisation des lettres simples et doubles

Mots à valeur de diminutif

Ancienne orthographe	Nouvelle orthographe
baisotter	baisoter
cachotter	cachoter
une cachotterie	une cachoterie
un cachottier	un cachotier
une cachottière	une cachotière
cocotter	cocoter
dansotter	dansoter
dégotter	dégoter
frisotter	frisoter
un frisottis	un frisotis
mangeotter	mangeoter
roulotté	rouloté
roulotter	rouloter
yoyotter	yoyoter

Mots formés sur une base terminée par -ot

Ancienne orthographe	Nouvelle orthographe	Astuce !
boulotter	bouloter	Le mot est formé sur *boulot*.
culotté « audacieux »	culoté	Le mot est formé sur *culot*.
fayotter	fayoter	Le mot est formé sur *fayot*.
garrotter	garroter	Le mot est formé sur *garrot*.

Les listes et les règles des mots **de la nouvelle orthographe**

Ancienne orthographe	Nouvelle orthographe	Astuce !
le garrottage	le garrotage	Le mot est formé sur *garrot*.
grelotter	greloter	Le mot est formé sur *grelot*.
grelottant	grelotant	Le mot est formé sur *grelot*.
un grelottement	un grelotement	Le mot est formé sur *grelot*.
margotter	margoter	Le mot est formé sur *margot*.

Mots formés sur la base de *ballot*

Ancienne orthographe	Nouvelle orthographe
le ballottage	le ballotage
un ballottement	un ballotement
ballotter	balloter
un ballottin	un ballotin
une ballottine	une ballotine

Réduction des consonnes
doubles dans quelques mots
d'origine étrangère

Quand les deux graphies consonne double/consonne simple sont en concurrence dans les dictionnaires, je choisis la plus simple :

maffia → *mafia*
du shopping → *du shoping*

Ancienne orthographe	Nouvelle orthographe
un challenger	un chalengeur
l'harmattan	l'harmatan
un keffieh	un kéfié
une maffia	une mafia
un maffioso, des maffiosi	un mafioso, des mafiosos
une mammy	une mamie
un piccolo	un picolo
un pudding	un pouding
du shopping	du shoping
un skiff	un skif
le sirocco	le siroco
le yiddish	le yidiche

Réduction des voyelles doubles
dans quelques mots d'origine étrangère

Quand les deux graphies voyelle double/voyelle simple sont en concurrence dans les dictionnaires, je choisis la plus simple :

un shampooing → *un sham**po**ing*
un spéculoos → *un spécul**os***

Ancienne orthographe	Nouvelle orthographe
l'afrikaans	l'afrik**an**s
une boskoop	une bosc**op**
les freesias	les fr**é**sias
un shampooing	un sham**po**ing
un spéculoos	un spécul**os**

Simplification de quelques graphies anciennes, non conformes à la prononciation ou d'origine étrangère

Les mots concernés par cette section étant très rares dans l'usage, il n'a pas été jugé utile de les présenter systématiquement, règle par règle, comme cela a été fait précédemment. Le tableau de la page suivante présente un panorama des différentes modifications graphiques opérées. Immédiatement après celui-ci, quelques règles et listes de mots sont présentées dans le détail.

Tableau récapitulatif
des principales recommandations graphiques

Transformation graphique	Ancienne orthographe	Nouvelle orthographe
œ (e dans l'a) ou é → é	un tœnia	un **té**nia
œ (e dans l'o) ou é → é	homœo-	hom**éo**-
sacchar → saccar	la saccharine	la sa**cc**arine
-er → -eur (à la finale de mots d'origine anglaise)	un flipper	un flipp**eur**
gh ou g → g	yoghourt	yo**g**ourt
-illier → -iller	un quincaillier	un quincail**ler**
kh ou k → k	un khan	un **ka**n
k ou c → c	un kleptomane	un **c**leptomane
oo ou ou → ou	un igloo	un igl**ou**
ph ou f → f	un téléphérique	un télé**fé**rique
rrh ou rr → rr	une otorrhée	une oto**rré**e
sch ou ch → ch	le schah	le **ch**ah
th(e) ou t(e) → t(e)	un aérolithe	un aéroli**te**
un ou on → on	un acupuncteur	un acup**on**cteur
y ou i ou ie → i ou ie	une mammy	une mam**ie**
ous → out	absous, absoute dissous, dissoute	absou**t**, absoute dissou**t**, dissoute

Alignement de quelques mots
isolés au sein d'une même famille ou série

Quand un mot ne s'écrit pas comme les autres mots de la famille ou série à laquelle il appartient, je le régularise :

un oignon ➜ *un **og**non* (comme *trognon*)
un relais ➜ *un rel**ai*** (comme *essai*)

BON À SAVOIR
Le mot *ognon* (sans *i*) n'est pas une invention ni une fantaisie des rectifications orthographiques de 1990. Il figurait autrefois dans la septième édition du *Dictionnaire de l'Académie* de 1878.

Les listes et les règles des mots **de la nouvelle orthographe**

Liste des mots concernés

Ancienne orthographe	Nouvelle orthographe	Famille ou série
les appas	les app**ât**s	un appât (« un piège »)
un cuissot	un cuis**seau**	eau, seau, lapereau
dessiller	d**éc**iller	les cils, les sourcils
eczéma	e**xé**ma	un examen, exempter, une exécution
un levraut	un levr**eau**	un lapereau, un lionceau, un louveteau
un oignon	un **og**non	un rognon, un trognon
une oignonade	une **og**nonade	un rognon, un trognon
un relais	un rel**ai**	balai/balayer, délai/délayer, essai/essayer, relai/relayer
un vantail	un v**en**tail	le vent

Remplacement des graphies
æ et *œ* par *é* ou *e*

Quand les deux graphies *æ* et *œ* sont en concurrence avec *é* ou *e* dans les dictionnaires, je choisis la plus simple :

cœliaque → *c**é**liaque*

BON À SAVOIR
La graphie *æ* est appelée « *e* dans l'*a* ». La graphie *œ* est appelée « *e* dans l'*o* ». Afin d'entrainer vos enfants à identifier et à former ces deux graphies particulières, la célèbre chanson *Lætitia* de Serge Gainsbourg vous sera d'une grande utilité…

Ancienne orthographe	Nouvelle orthographe
cœliaque	c**é**liaque
homœo-	hom**éo**-
l'œcoumène	l'**é**coumène
un œstrogène	un **es**trogène
un phœnix	un ph**é**nix
un tænia	un t**é**nia

Remplacement de la graphie
-eoir par *-oir*

Je remplace la graphie *-eoir* par *-oir* à la finale de quelques verbes :

asseoir ➔ *ass**oir***

BON À SAVOIR
La suppression de la lettre *e* à la finale de la graphie *-eoir* n'est pas une innovation ou une fantaisie des rectifications orthographiques de 1990. Autrefois, le verbe *voir* s'est écrit *veoir*.

Ancienne orthographe	Nouvelle orthographe
asseoir	assoir
rasseoir	rassoir
seoir	soir
surseoir	sursoir

Remplacement de la graphie
-*er* par -*eur* à la finale de quelques mots d'origine anglaise

Quand les deux graphies -*er* et -*eur* à la finale de mots d'origine anglaise sont en concurrence dans les dictionnaires, je choisis -*eur* conformément à la prononciation française :

*un rock**er*** → *un rock**eur***
*un thrill**er*** → *un thrill**eur***

Ancienne orthographe	Nouvelle orthographe
un(e) baby-sitter	un(e) babysitt**eur**
un booster	un boost**eur**
un bulldozer	un bulldoz**eur**
un challenger	un chaleng**eur**
un cruiser	un cruis**eur**
un cutter	un cutt**eur** *ou un* cutter (selon la prononciation)
un dealer	un deal**eur**
un debater	un **dé**batt**eur**
un dispatcher	un dispatch**eur**

Les listes et les règles des mots **de la nouvelle orthographe**

Ancienne orthographe	Nouvelle orthographe
un flipper	un flipp**eur**
un globe-trotter, des globe-trotters	un globetrott**eur**, des globetrott**eurs**
un interviewer	un interview**eur**
un leader	un lead**eur**
le leadership	le lead**eur**ship
un loser	un los**eur**
un mixer	un mix**eur**
un pacemaker	un pacemak**eur**
un pointer	un point**eur**
un scooter	un scoot**eur** *ou* un scooter (selon la prononciation)
un shaker	un shak**eur**
un speaker	un speak**eur**
un sprinter	un sprint**eur**
un squatter	un squatt**eur**

Remplacement de la finale
-illier par *-iller*

Je remplace la terminaison *-illier* par *-iller* lorsque le *i* qui suit les deux *l* ne s'entend pas :

un quincaillier → *un quincailler*
un joaillier → *un joailler*

Le remplacement de *-illier* par *-iller* dans les mots *quincailler*, *joailler* (etc.) permet à ces mots de rejoindre la série *conseiller*, *oreiller*, *écailler*, qui s'écrit régulièrement avec la graphie *-iller* conformément à la prononciation.

BON À SAVOIR
Les deux mots *groseillier* et *vanillier* ne sont pas concernés par cette règle. Ils appartiennent à la famille des arbres fruitiers (*pommier*, *poirier*, *abricotier*, etc.) et, pour cette raison, ils conservent la graphie *-illier*.

Ancienne orthographe	Nouvelle orthographe
un aiguillier	un aiguiller
coquillier (adjectif)	coquiller
un coquillier (nom)	un coquiller
un joaillier	un joailler
un marguillier	un marguiller
une ouillière	une ouillère
un quillier	un quiller
un quincaillier	un quincailler
une serpillière	une serpillère

Remplacement de la graphie *kh* par *c*

Quand les graphies *kh* et *k* sont en concurrence avec *k* ou *c* dans les dictionnaires, je choisis *k* ou *c* :

un khan ➜ *un **k**an*
un kleptomane ➜ *un **c**leptomane*

kh ou *k* ➜ *k*

Ancienne orthographe	Nouvelle orthographe
un khan	un **ka**n
un khanat	un **ka**nat

k ou *c* ➜ *c*

Ancienne orthographe	Nouvelle orthographe
un diktat	un di**c**tat
un kaléidoscope	un **ca**léidoscope
kaléidoscopique	**ca**léidoscopique
kasher/kascher	**ca**cher/**ca**chère
un khâgneux	un **ca**gneux
un khalifat	un **ca**lifat
un khalife	un **ca**life
un kleptomane	un **cl**eptomane

Simplification de quelques graphies anciennes

Ancienne orthographe	Nouvelle orthographe
la kleptomanie	la **cl**eptomanie
un kola	un **co**la
un kolatier	un **co**latier
une korê	une **co**rê
un krak « un château »	un **cr**a**c**

Remplacement de la graphie
oo par *ou*

Quand les deux graphies *oo* et *ou* sont en concurrence dans les dictionnaires, je choisis *ou* :

un igloo ➜ *un igl**ou***
un hooligan ➜ *un h**ou**ligan*

Ancienne orthographe	Nouvelle orthographe
un boom	un b**ou**m
un hooligan	un h**ou**ligan
le hooliganisme	le h**ou**liganisme
un igloo	un igl**ou**
shampooiner	shamp**ou**iner

Remplacement de la graphie
ph par *f*

Quand les deux graphies *ph* et *f* sont en concurrence dans les dictionnaires, je choisis *f* :

un paraphe → *un para**fe***
un téléphérique → *un télé**fé**rique*

BON À SAVOIR
Il est faux de croire que la graphie *ph* a totalement disparu de la langue française en nouvelle orthographe. La plupart des mots courants avec *ph* le maintiennent : *orthographe, photographe, paragraphe, pharmacie, philosophie,* etc.

Ancienne orthographe	Nouvelle orthographe
un paraphe	un para**fe**
parapher	para**fer**
un phantasme	un **fa**ntasme
pharamineux	**fa**ramineux
un phlegmon	un **fl**egmon
phlegmoneux	**fl**egmoneux
un képhir	un ké**fir**
un nénuphar	un nénu**far**
le téléphérage	le télé**fé**rage
un téléphérique	un télé**fé**rique

Remplacement de la graphie
sch par ch

Quand les deux graphies *sch* et *ch* sont en concurrence dans les dictionnaires, je choisis *ch* :

le schah → *le **ch**ah*
une goulasch → *une goula**che***

À l'initiale du mot

Ancienne orthographe	Nouvelle orthographe
le schah	le **ch**ah
schlinguer	**ch**linguer
un schnock	un **ch**no**que**
un shantoung	un **ch**antoung

En position médiane

Ancienne orthographe	Nouvelle orthographe
du haschisch/du haschich	du ha**ch**ich
le herschage	le her**ch**age
herscher	her**ch**er
un herscheur	un her**ch**eur
kasher/kascher	ca**ch**er/ca**chère** (sur le modèle de *sévère, prospère*)

Simplification de quelques graphies anciennes

En position finale

Ancienne orthographe	Nouvelle orthographe
une goulasch/une goulash	une goula**che**
du hasch	du ha**ch**
du haschisch/du haschich	du hachi**ch**
du kirsch	du kir**ch**
le yiddish	le yi**diche**

Remplacement de la graphie
un par *on*

Quand les deux graphies *un* et *on* sont en concurrence dans les dictionnaires pour exprimer le son « ON », je choisis *on* :

un acupuncteur ➜ *un acuponcteur*

Ancienne orthographe	Nouvelle orthographe
un acupuncteur	un acup**on**cteur
l'acupuncture	l'acup**on**cture
avunculaire	av**on**culaire
contrapuntique	contrap**on**tique
un homuncule	un hom**on**cule
un lumbago	un l**om**bago *ou* un lumbago (selon la prononciation)
un punch « boisson alcoolisée »	un p**on**ch *ou* un punch (selon la prononciation)

Remplacement de la graphie
y par *i* ou *ie*

Quand les deux graphies *y* et *i/ie* sont en concurrence dans les dictionnaires, je choisis *i/ie* :

un grizzly → *un grizzli*
un hippy → *un hippie*

Ancienne orthographe	Nouvelle orthographe
une garden-party, des garden-partys	une garden-part**ie**, des garden-part**ies**
un grizzly	un grizz**li**
un hippy/un hippie, des hippies	un hipp**ie**, des hipp**ies**
une mammy	une ma**mie**
un papy	un pa**pi**

Introduction d'un *e* à la finale
de mots d'origine étrangère
terminés par une consonne

Quand les mots d'origine étrangère terminés par une consonne sont en concurrence avec une forme terminée par *e*, je choisis la forme terminée par *e* conformément à la prononciation française :

le granit ➜ *le grani**t**e*
une goulasch ➜ *une goula**che***

Ancienne orthographe	Nouvelle orthographe
le granit	le grani**te**
une goulasch/une goulash	une goula**che**
un jerrycan	un je**rric**a**ne**
un kolkhoz, des kolkhoz	un kolkho**ze**, des kolkho**zes**
un muézin	un muézi**ne**
un muezzin	un muezzi**ne**
un pogrom	un pogro**me**
des sparts	des spart**es**
le star-system	le star-syst**ème**
un tarbouch	un tarbou**che**

Francisation de mots
d'origine étrangère

Quand les mots d'origine étrangère sont en concurrence avec des formes francisées, je choisis la forme francisée :

une cacahuète ➜ *une cac**ou**ète*
un guru ➜ *un g**ou**r**ou***

Ancienne orthographe	Nouvelle orthographe
une cacahuète	une cac**ou**ète
un cañon	un ca**nyo**n
du corned-beef	du corned**bif**
doña	do**nia**
un fjord	un **fi**ord
un ginkgo	un gi**nk**o
un guru	un g**ou**r**ou**
un freesia	un fr**é**sia
un jerrycan	un jerri**cane**
le jiu-jitsu	le jiujitsu
le ju-jitsu	le jujitsu
un lychee/un lichee	un **li**tchi *ou* un **le**tchi (selon la prononciation)
un maharajah	un mahara**dja**

Les listes et les règles des mots **de la nouvelle orthographe**

Ancienne orthographe	Nouvelle orthographe
une mammy	une ma**mie**
une moukère	une mou**qu**ère
le müesli	le m**ue**sli *ou* le **mu**sli (selon la prononciation)
un pékin	un pé**qu**in
un spéculoos	un spécul**os**
les tagliatelles	les ta**li**atelles
de la thune	de la **tu**ne
ciao !	**tc**hao !

Les mots les plus courants
de « l'orthographe moderne »

La liste qui figure ci-dessous présente les mots les plus courants de « l'orthographe moderne ».
Elle devrait en rassurer plus d'un. Cette liste montre qu'il est possible à tout un chacun d'apprendre en moins d'une heure les bases de la nouvelle orthographe ! Et de commencer à l'appliquer[1]...

Mots sur lesquels l'accent circonflexe a été supprimé

aout, apparaitre, boite, brulant, bruler, brulure, buche, chaine, connaitre, couter, couteux, croute, diner, disparaitre, entrainer, flute, fraiche, fraicheur, gout, gouter, ile, maitre, maitresse, maitrise, murir, naitre, paraitre, rafraichir, reconnaitre, s'il vous plait, soul, surement, trainer, traitre.

Accent grave conforme

évènement, règlementaire, sècheresse, il cèdera, il cèderait, à priori.

Pluriel conforme

un *ou* une après-midi, des après-midis ; un maximum, des maximums ; un minimum, des minimums.

---

[1] Source : CONTANT, Chantal, *Grand vadémécum de l'orthographe moderne recommandée*, De Champlain, 2009, p. 127.

Accent aigu introduit sur les mots d'origine étrangère

révolver, diésel, média, cafétéria.

Le tréma sur le *u*

aigüe, ambigüe.

Soudure

autostop, autoécole, croquemonsieur, plateforme, piquenique, chauvesouris, rougegorge, porteclé, weekend.

Les anomalies rectifiées

relai, ognon, assoir.

L'orthographe française en mouvement :
repères chronologiques

XVIe siècle : mise en place du trait d'union (au Moyen Âge, les scribes écrivaient *couvrechef* ou *gardemangier*).

XVIe siècle : mise en place du système des accents par les imprimeurs.

1680 : dictionnaire de Richelet (langue ordinaire : *tems*).

1694 : première édition du *Dictionnaire de l'Académie française* (langue savante : *tems* devient *temps*).

1740 : troisième édition du *Dictionnaire de l'Académie*. Modification de l'orthographe d'environ six-mille mots.

1835 : sixième édition du *Dictionnaire de l'Académie*. Remplacement de la forme *oi* par *ai* dans il *étoit* (il *était*), il s'en *faudroit* (il s'en *faudrait*), il ne *feroit* (il ne *ferait*), j'*avois* (j'*avais*), etc.

1835 : le *t* est introduit dans certains pluriels : *enfans*, *contens* deviennent *enfants*, *contents*.

1835 : l'Académie rétablit des consonnes grecques (*misantrope* devient *misanthrope*).

1878 : septième édition du *Dictionnaire de l'Académie*. On trouve les deux formes *oignon* ou *ognon* dans le *Dictionnaire de l'Académie*.

1932-1935 : huitième édition du *Dictionnaire de l'Académie*. Modification de l'orthographe d'environ cinq-cents mots.

1932 : l'Académie remplace l'apostrophe par un trait d'union dans les mots du type *grand'mère, grand'place*.

1976 : arrêté Haby. « Les violonistes que j'ai enten**du** jouer ». En n'accordant pas le participe passé suivi d'un infinitif, on ne peut jamais être sanctionné.

1988 : campagne des instituteurs français en faveur d'une simplification de l'orthographe.

24 octobre 1989 : le Premier ministre du gouvernement français installe le Conseil supérieur de la langue française.

6 décembre 1990 : le *Rapport du Conseil supérieur de la langue française sur les rectifications de l'orthographe* est publié au *Journal officiel de la République française*.

Extraits du *Bulletin officiel de l'Éducation nationale* :

19 juin 2008 : « L'orthographe révisée est la référence. »

28 aout 2008 : « pour l'enseignement de la langue française, le professeur tient compte des rectifications orthographiques proposées par le *Rapport du Conseil supérieur de la langue française*, approuvées par l'Académie française »

3 mai 2012 : « Dans l'enseignement, aucune des deux graphies (ancienne ou nouvelle) ne peut être tenue pour fautive. »

26 novembre 2015 : « L'enseignement de l'orthographe a pour référence les rectifications orthographiques publiées par le *Journal officiel de la République française* le 6 décembre 1990. »

Index alphabétique

Cet index reprend tous les mots qui ont été introduits dans les listes et les tableaux de cet ouvrage. Afin de permettre à chacun de s'y retrouver, il a semblé préférable, d'un point de vue pédagogique, de présenter les mots dans leur forme « ancienne ». On part du **connu** (« l'orthographe traditionnelle » ou « ancienne ») vers le **nouveau** (l'orthographe « moderne », « nouvelle » ou « rectifiée »). Les numéros qui figurent à côté de chaque mot renvoient au numéro de la page de ce livre où les deux formes « ancienne/nouvelle orthographe » sont présentées côte à côte. L'index reprend également quelques mots qui ne sont pas modifiés en nouvelle orthographe, mais qui ont été signalés dans le livre.

a posteriori, 53
abaisse-langue, 45
abat-jour, 45
abîmé, 68
abîmer, 68
abrégement, 57
absous, 92
acheter, 64
acupuncteur, 106
acupuncture, 106
aérer, 60
afrikaans, 90
agenda, 48
agro-alimentaire, 33
aigu, 78
aiguë, 78
aiguillier, 99

aîné, 68
aînesse, 68
allégement, 57
allégrement, 57
allegro, 53
ambigu, 78
ambiguë, 78
âme, 68
amonceler, 63
amoncellement, 64
amuse-gueule, 45
âne, 68
anglo-danois, 42
août, 74
apparaître, 69
appas, 94
appeler, 62

appuie-main, 45
appuie-tête, 45
après-midi, 47
arrache-pied, 39
artefact, 53
asséchement, 57
assécher, 61
assener, 52
asseoir, 96
atemi, 53
attrape-mouche, 45
audio-visuel, 33
auto-évaluation, 33
auto-stop, 22
avunculaire, 106
baby-sitter, 97

La nouvelle orthographe **expliquée à tous**

baisotter, 87
ballottage, 88
ballottement, 88
ballotter, 88
ballottin, 88
ballottine, 88
barcarolle, 83
barman, 49
base-ball, 37
basket-ball, 37
basse-cour, 39
best-seller, 37
bien-être, 39
bienfait, 39
bienveillance, 39
bienvenu, 39
bla-bla, 35
boîte, 71
boîtier, 71
bolchevique, 54
bolchevisme, 54
bonhomie, 80
boom, 102
booster, 97
boskoop, 90
bougeotter, 86
boulotter, 87
boursouflement, 80
boursoufler, 80
boursouflure, 80
boute-en-train, 39
bouterolle, 83
brasero, 53
brise-glace, 45
brise-lames, 44

broncho-pneumonie, 33
brûlé, 73
brûler, 73
brûlure, 73
bûche, 73
bûcher, 73
bûcheron, 73
bûcheur, 73
bulldozer, 97
câble, 68
cacahuète, 109
cachotter, 87
cachotterie, 87
cachottier, 87
cachottière, 87
cafeteria, 53
cahute, 80
cameraman, 49, 53
cannelloni, 48
cañon, 109
carbonnades, 85
carotter, 86
casse-cou, 45
casse-croûte, 74
casse-noisettes, 44
casserole, 84
céder, 59
cedex, 52
célébrer, 61
cent quinze, 41
chaîne, 69
chaîner, 69
chaînette, 69

chaînon, 69
challenger, 89, 97
chanceler, 63
chariot, 81
château, 68
chausse-pied, 39
chausse-trape, 81
chauve-souris, 39
chronométrer, 61
ciao, 110
cicerone, 53
cloître, 71
cloîtrer, 71
cocotter, 87
cœliaque, 95
coin-coin, 35
colle, 83
combatif, 81
combativité, 81
comparaître, 69
compléter, 61
connaître, 69
connard, 85
conseiller, 99
considérer, 60
contiguë, 78
contrapuntique, 106
contre-courant, 30
contre-indication, 30
contre-indiquer, 30
contremaître, 69
contrôle, 68

Index alphabétique

coquillier, 99
corned-beef, 109
corn-flakes, 37
corollaire, 83
corolle, 83
côte, 68
couci-couça, 35
courbatu, 81
courbature, 81
courbaturer, 81
coût, 74
coûtant, 74
coûter, 74
coûteux, 74
cow-boy, 37
craquellement, 64
crémer, 61
crémerie, 59
crocheter, 64
croire, 68, 72
croître, 68, 71, 72
crolle, 83
croque-monsieur, 39
croûte, 74
croûter, 74
croûton, 74
cruiser, 97
cuissot, 94
culotté, 87
cure-dent, 45
cutter, 97
dansotter, 87
dealer, 97
debater, 97

déboîter, 71
déchaîné, 69
déchaînement, 69
déchaîner, 69
decrescendo, 53
décroître, 71
décroûter, 74
défraîchi, 70
défraîchir, 70
dégeler, 62
dégotter, 87
dégoût, 74
dégoûtant, 74
dégoûté, 74
dégoûter, 74
déjeter, 65
déléguer, 61
délibérer, 60
delirium, 53
demiurge, 52
dénivellement, 64
dentellier, 82
désenchaîner, 70
désensorceler, 63
dessiller, 94
diesel, 53
digérer, 60
diktat, 100
dîner, 67, 68
dînette, 68
dîneur, 68
disparaître, 69
dispatcher, 97
disséquer, 61
dissous, 92

dix-neuf, 41
doña, 109
dû, 76
duodenum, 53
duplicata, 48
écailler, 99
école, 84
eczéma, 94
edelweiss, 54
embatre, 81
emboîtement, 71
emboîter, 71
empiétement, 57
enchaînement, 70
enchaîner, 70
encroûtement, 74
encroûter, 74
ensorceler, 63
ensorcellement, 64
en-tête, 39
entraînable, 70
entraînant, 70
entraîner, 70
entraîneur, 70
entre
  (mots composés avec *entre*), 30
entre-temps, 30
énumérer, 60
envoûtant, 75
envoûtement, 75
envoûteur, 75
espionnite, 85
essuie-mains, 44

essuie-tout, 39
étinceler, 63
étincellement, 64
être, 68
événement, 56
événementiel, 59
exigu, 78
exiguë, 78
extra (nom), 23, 48
extra-lucide, 32
extra-terrestre, 22, 32
faire-part, 39
fast-food, 37
fayotter, 87
féerie, 54
féerique, 54
fenêtre, 68
fête, 68
feuilleter, 64
ficeler, 63
fjord, 109
flipper, 98
flotter, 86
flûté, 73
flûtiste, 73
folle, 83
football, 37
fourre-tout, 40
fraîchement, 70
fraîcheur, 70
fraîchir, 70
fraîche, 70
franco-italien, 42

freesia, 90, 109
frisotter, 87
frisottis, 87
frotter, 86
fumerolles, 83
gaîment, 68
gaîté, 68
gangrener, 54
gangreneux, 54
garden-party, 107
garrottage, 88
garrotter, 87
geler, 62
gendarme, 31
ginkgo, 109
girolle, 83
globe-trotter, 98
goulasch, 106, 108
goulûment, 73
goût, 75
goûter, 75
goûteur, 75
goûteux, 75
granit, 108
gratte-ciel, 45
gréco-latin, 42
grelottant, 88
grelottement, 88
grelotter, 87
grizzly, 107
grolles, 83
grommellement, 64
groseillier, 99
guibolles, 84

guru, 109
haleter, 64
hand-ball, 37
harcèlement, 63
harceler, 63
harmattan, 89
hasch, 105
haschisch, 104, 105
haute-fidélité, 40
herschage, 104
herscher, 104
hi-han, 35
hippy, 49, 107
hispano-américain, 42
hobby, 49
hold-up, 37
homœo-, 95
homuncule, 106
hooligan, 102
hooliganisme, 102
hôtel, 68
igloo, 102
île, 67
îlot, 68
imbécillité, 81
impresario, 54
indo-européen, 42
indûment, 73
infra-rouge, 32
infra-sonore, 32
innomé, 81
intégrer, 61
interjeter, 65

Index alphabétique

interpeler, 62
interpeller, 82
interviewer, 98
intra-muros, 32
jamboree, 55
jerrycan, 108, 109
jeter, 65
jeune, 77
jeûne, 77
jiu-jitsu, 109
joaillier, 99
judéo-christianisme, 42
ju-jitsu, 109
juke-box, 37
kaléidoscope, 100
kaléidoscopique, 100
kascher, 100
kasher, 100, 104
keffieh, 89
képhir, 103
khâgneux, 100
khalifat, 100
khalife, 100
khan, 100
khanat, 100
kif-kif, 35
kirsch, 105
kleptomane, 100
kleptomanie, 101
kola, 101
kolatier, 101
kolkhoz, 108
korê, 101

krak, 101
laisser (accord du participe passé du verbe *laisser* suivi d'un infinitif), 25
lance-flammes, 44
lapsus, 48
latino-américain, 42
lave-vaisselle, 45
leader, 98
leadership, 98
lèche-vitrines, 44
levraut, 94
loser, 98
lumbago, 106
lunch, 49
lunettier, 82
lychee, 109
macadam, 31
macaroni, 48
maffia, 89
maffioso, 89
maharajah, 109
maître, 69
maîtrisable, 69
maîtrise, 69
maîtriser, 69
mammy, 89, 107, 110
mangeotter, 87
maraîchage, 68
maraîcher, 68

margotter, 88
marguillier, 99
mariolle, 84
marketing, 55
martellement, 64
match, 49
maximum, 48
méconnaître, 69
médecin, 57
médecine, 57
medias, 54
méli-mélo, 35
memento, 53
memorandum, 53
mener, 62, 64
menotter, 86
micro-onde, 33
micro-ordinateur, 34
mille deux cent vingt-neuf, 41
mille-patte, 40
mini-golf, 34
mini-jupe, 34
minimum, 48
mixer, 98
modeler, 62
molle, 83
morceler, 63
morcellement, 64
moto-cross, 38
moukère, 110
müesli, 110
mur, 77
mûr, 77

La nouvelle orthographe **expliquée à tous**

mûre
(fruit), 73
mûrement, 74
mûrir, 74
muserolle, 84
naître, 69
nénuphar, 103
nivellement, 64
œcoumène, 95
œstrogène, 95
oignon, 94
oignonade, 94
opérer, 61
oreiller, 99
orthographe, 103
ouillière, 99
ouvre-boîte, 71
ouvre-bouteilles, 44
oxygéner, 61
pacemaker, 98
panini, 48
papy, 107
paragraphe, 103
paraître, 22, 69
paraphe, 103
parapher, 103
passe-temps, 40
pedigree, 55
pêle-mêle, 35
peler, 62
penalty, 49
perestroïka, 54
persiflage, 80
persifler, 80

persifleur, 80
peseta, 54
peso, 55
phantasme, 103
pharamineux, 103
pharmacie, 103
philosophie, 103
phlegmon, 103
phlegmoneux, 103
phœnix, 95
photographe, 103
piccolo, 89
pick-up, 38
ping-pong, 35
pique-nique, 40
piqûre, 74
placebo, 53
plaire, 68
plate-forme, 40
pogrom, 108
pointer, 98
poirier, 99
pommier, 99
porte-avions, 44
porte-clés, 40
porte-documents, 44
porte-monnaie, 40
posséder, 61
post-scriptum, 34
presqu'île, 68
presse-fruits, 44
projeter, 65
protéger, 59, 61

prud'homal, 80
prud'homie, 80
prunellier, 82
pudding, 89
punch, 106
québecois, 52
quillier, 99
quincaillier, 99
rafraîchir, 70
rafraîchissant, 70
rafraîchissement, 70
ragoût, 75
ranch, 49
rappeler, 62
rasseoir, 96
ravioli, 48
réapparaître, 69
receler, 52
recepage, 52
recepée, 52
receper, 52
reclusionnaire, 52
referendum, 53
refrènement, 52
refréner, 52
réglementaire, 59
réglementairement, 59
réglementation, 59
réglementer, 59
régler, 61
régner, 61
relais, 94
renouvellement, 63

120

Index alphabétique

ressurgir, 82
réveille-matin, 45
révéler, 61
revolver, 54
rond-point, 40
rougeole, 84
roulotté, 87
roulotter, 87
ruisseler, 63
ruissellement, 63
sacro-saint, 34
sandwich, 49
sans-papiers, 46
saoul, 75
saouler, 75
satisfecit, 53
s'avérer, 61
schah, 104
schlinguer, 104
schnock, 104
scooter, 98
sécheresse, 59
semer, 62, 64
senescence, 52
senior, 53
s'entre-tuer, 30
seoir, 96
sept cents, 41
seringuero, 54
serpillière, 99
shaker, 98
shampooiner, 102
shampooing, 90
shantoung, 104
shopping, 89

sinon, 31
sirocco, 89
skiff, 89
smash, 49
socio-culturel, 34
socio-économique, 34
sombrero, 54
sotie, 81
soûl, 75
soûlard, 75
soûler, 75
sous-tasse, 47
sous-verre, 47
spaghetti, 48
sparts, 108
speaker, 98
spéculoos, 90
sprinter, 98
squatter, 98
star-sytem, 108
stimulus, 48
superman, 49
sûr, 77
sûreté, 74
surseoir, 96
symptôme, 68
tænia, 95
tagliatelles, 110
taille-crayons, 44
tam-tam, 35
tannin, 85
tarbouch, 108
téléphérage, 103
téléphérique, 103

tequila, 54
théâtre, 68
thune, 110
tic-tac, 35
tire-fesses, 44
tolérer, 60
traînailler, 70
traînard, 70
traîneau, 71
traînée, 71
traîner, 71
traître, 69
traîtrise, 69
transférer, 60
transparaître, 69
tremolo, 54
trotter, 86
ultra-chic, 32
ultra-violet, 32
vade-mecum, 53
vanillier, 99
vantail, 94
variole, 84
vénérer, 61
veto, 53
vilenie, 52
vingt et un, 41
volley-ball, 38
voûte, 75
voûté, 75
week-end, 37
yiddish, 89, 105
yoghourt, 92
yoyotter, 87

Remerciements

Je remercie tous ceux et toutes celles qui m'ont accompagné, de près ou de loin, dans la préparation et l'écriture de ce troisième ouvrage consacré aux rectifications orthographiques de 1990.

J'adresse mes plus vifs remerciements à toute l'équipe des éditions De Boeck, qui m'accompagne maintenant depuis sept ans dans cette merveilleuse aventure. Merci, en particulier aux deux éditrices de cet ouvrage : Marie-Amélie Englebienne et Stéphanie Van Neck.

Je tiens également à remercier toutes les personnes, pédagogues, instituteurs, inspecteurs de l'enseignement, proches des plus jeunes qui, me faisant part de leur expérience des classes, m'ont donné de nombreux conseils afin de rendre cet ouvrage le plus éclairant possible : mesdames Gilberte Dewart et Pascale Catinus, messieurs Simon Dessomme et Philippe Kats.

Je tiens à adresser un salut tout particulier aux gens du RENOUVO (réseau pour la nouvelle orthographe du français), pionniers de la première heure, linguistes et spécialistes des rectifications orthographiques, qui, depuis plus de vingt ans maintenant œuvrent à la diffusion et à l'expansion de l'orthographe nouvelle. C'est grâce à leur immense travail que ce troisième livre peut voir le jour : mesdames Michèle Lenoble-Pinson et Christiane Buisseret, messieurs Michel Masson, Claude Gruaz, Henry Landroit, Romain Muller et tous les autres.

Enfin, je tiens à remercier tout particulièrement madame Chantal Contant, linguiste spécialisée dans le domaine des rectifications orthographiques, auteure du *Grand vadémécum de l'orthographe moderne recommandée*. Par une lecture minutieuse et vivifiante, elle a veillé à ce que ce livre soit en tout point conforme à l'esprit des rectifications orthographiques de 1990.

À tous, merci !

Bibliographie

COLLECTIF, *Vadémécum de l'orthographe recommandée. Le millepatte sur un nénufar*, Édition RENOUVO, 2005.

CONSEIL SUPÉRIEUR DE LA LANGUE FRANÇAISE, *Rapport du Conseil supérieur de la langue française sur les rectifications de l'orthographe, Journal officiel de la République française*, Documents administratifs (n° 100), 6 décembre 1990.

CONTANT Chantal, *Grand vadémécum de l'orthographe moderne recommandée : cinq millepattes sur un nénufar*, De Champlain, 2009.

CONTANT Chantal, *Nouvelle orthographe : la liste simplifiée*, De Champlain, 2010.

CONTANT Chantal, *Orthographe recommandée : exercices et mots courants*, De Champlain, 2011.

CONTANT Chantal – MULLER Romain, *Connaitre et maitriser la nouvelle orthographe. Guide pratique et exercices*, De Champlain, 2ᵉ édition, 2009.

CONTANT Chantal – MULLER Romain, *Les rectifications de l'orthographe du français. La nouvelle orthographe accessible*, De Boeck-ERPI, 2010.

DUPRIEZ Dominique, *La nouvelle orthographe en pratique*, Bruxelles, De Boeck-Duculot, 2ᵉ édition, 2009.

DUPRIEZ Dominique, *La nouvelle orthographe en pratique – Tome 2. Exercices et approches pédagogiques*, Bruxelles, De Boeck-Duculot, 2013.

GREVISSE Maurice – GOOSSE André, *Le bon usage*, Bruxelles, De Boeck Supérieur, 16ᵉ édition, 2016.

GREVISSE Maurice, *Le français correct* (édition revue par M. LENOBLE-PINSON), Paris, Bruxelles, Duculot, 1998.

HANSE Joseph – BLAMPAIN Daniel, *Nouveau dictionnaire des difficultés du français moderne*, Bruxelles, De Boeck-Duculot, 2000.

MANESSE Danièle – COGIS Danièle, *Orthographe : à qui la faute ?* (postface d'A. CHERVEL), Issy-les-Moulineaux, ESF éditeur, 2007.

MARTINEZ Camille, *Petit dico des changements orthographiques récents*, Zeugmo éditions, 2015.

MINISTÈRE DE L'ÉDUCATION NATIONALE (France), *Bulletin officiel de l'Éducation nationale*, Hors-série n° 5, 12 avril 2007.

MINISTÈRE DE L'ÉDUCATION NATIONALE (France), *Bulletin officiel de l'Éducation nationale*, Hors-série n° 3, 19 juin 2008.

MINISTÈRE DE L'ÉDUCATION NATIONALE (France), *Bulletin officiel de l'Éducation nationale*, numéro spécial n° 6, 28 aout 2008.

MINISTÈRE DE L'ÉDUCATION NATIONALE (France), *Bulletin officiel de l'Éducation nationale*, numéro spécial n° 11, 26 novembre 2015.

PELLETIER Liliane – LE DEUN Élisabeth, *Construire l'orthographe*, Paris, Magnard, 2004.

Sitographie

Site officiel de l'Académie française :
http://www.academie-francaise.fr/dictionnaire

Site de Chantal Contant (linguiste spécialisée dans
le domaine des rectifications orthographiques) :
http://www.chantalcontant.info

Site du groupe EROFA (Étude pour une rationalisation de
l'orthographe française) : http://erofa.free.fr

Site d'information sur l'orthographe recommandée :
http://www.orthographe-recommandee.info

Site d'information sur la nouvelle orthographe :
http://www.nouvelleorthographe.info

Site du RENOUVO (Réseau pour la nouvelle orthographe du
français) : http://www.renouvo.org

Vous souhaitez être tenu au courant des dernières nouveautés en matière d'orthographe ? Inscrivez-vous gratuitement à la liste d'informations « Orthographe en direct » sur le site de Romain Muller :

http://www.romain-muller.net/oed/oed.html

Imprimé en France en juillet 2016
par Normandie Roto Impression s.a.s., 61250 Lonrai

Dépôt légal : juillet 2016
N° d'édition : 22431/01
N° d'impression : 1603015
ISBN : 978-2-226-32239-5